NONGYE ZHUANJIYIN SHENGWU ANQUAN
FAGUI HE SHIJIAN XUANBIAN

农业转基因生物安全
法规和实践选编

孙峰成　马晓昀◎主编

中国农业出版社
农村读物出版社
北　京

编　委　会

前　言

　　自 1996 年转基因生物商业化种植获得批准以来，全球转基因作物累计种植面积已有 400 多亿亩*。过去几十年，转基因技术为农业生产带来了飞速的进步和可观的效益。然而，随之而来的是公众对转基因产品安全性和转基因技术环境影响的担忧与争议。中国按照全球公认的评价准则，借鉴欧美普遍做法，结合中国国情，形成了一整套法律法规、技术规程和管理体系，为我国农业转基因安全管理提供了有力保障。

　　为了深入探讨发展农业转基因技术的重要性，全面展示中国农业转基因生物安全的发展情况，本书通过多个角度的阐述，如农业农村部相关讲话、院士专家的观点、法律法规、公众关心的问题等，以全面而权威的文章，来促进公众对转基因技术科学性与安全性的认识。

　　本书由 5 个部分组成。第一部分为文件解读，收录了农业农村部部长、副部长关于农业转基因相关讲话和问题解读。第二部分为专家观点，收录了 6 位院士对农业转基因的观点。第三部分为理论实践，收录了《保障粮食安全要抢占全球种业技术制高点》《我国转基因作物育种发展回顾与思考》等 5 篇文章。第四部分为管理办法，收录了《农业转基因生物安全管理条例》《农业转基因生物安全评价管理办法》《农业转基因生物加工审批办法》等法律法规和政策文件。第五部分为公众关心问题，收录了《抗虫作物虫子吃了会死，人吃了会不会有事？》《吃了转基因食品后会改变自己的基因吗？》《转基因种子能留种吗？》等社会公众关心的一些问题。在本书的编撰过程中，我们秉持客观、科学、全面的原则，

---

　　* 亩为非法定计量单位。1 亩≈666.67 米^2。——编者注

广泛搜集近十年来与转基因有关的政府文件、专家意见、实践经验、社会观点等资料。经过反复讨论和审校，精中选精，最终形成本书，力求确保内容准确可靠，在保留原文核心内容的基础上，对部分表达未尽之处进行补充，对个别数据加以更新，对少数错误之处进行勘正。希望本书能够为广大的农业从业者、科研机构、政府管理部门、学者研究者、关心农业转基因的公众提供参考。

在本书编撰过程中，我们引用了大量的农业转基因相关文章，在此对所有作者表示衷心的感谢，正是你们的研究和智力成果，让中国的转基因工作得以日益进步。因本书编写团队能力有限，无法与所有著作权人取得联系，一一获得授权。但是，这些文章是展示中国农业转基因生物安全发展情况不可或缺的一部分。图书出版后，相关文章著作权人看到后，可与出版社联系，沟通授权事项。希望本书能够为促进公众对农业转基因的理性认识和科学辩论提供基础，并为相关决策提供参考依据。

编写组

2023 年 8 月

目 录

前言

第一部分
文件解读

1

新征程全面推进乡村振兴^①

——中央农村工作领导小组办公室主任、农业农村部部长唐仁健谈学习贯彻中央农村工作会议精神

2021年中央农村工作会议，围绕巩固和拓展脱贫攻坚成果，全面推进乡村振兴，加快农业农村现代化，对做好2021年及"十四五"时期"三农"工作作出系统部署。中央农办主任、农业农村部部长唐仁健就如何贯彻落实中央决策部署，接受了记者采访。

"三农"问题：全党工作重中之重

民族要复兴，乡村必振兴。习近平总书记在会上发表重要讲话时强调，坚持把解决好"三农"问题作为全党工作重中之重，举全党全社会之力推动乡村振兴，促进农业高质高效、乡村宜居宜业、农民富裕富足。

唐仁健表示，这是在全面建成小康社会取得决定性成就、开启全面建设社会主义现代化国家新征程的重要历史交汇点，召开的一次重要会议。全国农业农村系统担负着全面推进乡村振兴、加快农业农村现代化的重大政治责任，要不断加深政治性政策性是"三农"工作根本属性的认识。

——从践行党的宗旨看，人民对美好生活的向往，就是我们的奋斗目标。吃饭是最基本的需求。美好生活，首先必须保障老百姓每天开门的"七件事"，否则就是一句空谈。

——从实现党的使命看，"三农"还是全面现代化的短板，只有优先发展农业农村，才能保证"三农"在全面建设社会主义现代化国家新征程中不掉队。

——从巩固党的执政基础看，粮安天下，农稳社稷。我国是人口大国，

---

① 本篇文章来源：新华社，2020年12月31日。

解决好吃饭问题始终是治国理政的头等大事。

——从健全党的"三农"政策看，保障农民物质利益和民主权利，是我们党一贯的农村工作准则。2004年以来连续17个中央1号文件，深受农民群众拥护。任何时候都不能忽视农业、忘记农民、淡漠农村，必须始终坚持强农惠农富农政策不减弱，必须保持"三农"大政方针的连续性、稳定性，守信践诺，取信于民。

2020 年："压舱石"作用稳固

2020年是极不平凡的一年，新冠肺炎疫情给我国经济社会发展带来了诸多挑战。在中央农村工作会议上，习近平总书记指出，从世界百年未有之大变局看，稳住农业基本盘、守好"三农"基础是应变局、开新局的"压舱石"。

唐仁健表示，各级农业农村部门认真贯彻落实决策部署，农业农村工作克服疫情冲击和严重自然灾害影响，圆满完成各项任务，为决胜全面小康、决战脱贫攻坚提供了基础支撑。

其中，全国再夺粮食和农业丰收。各级农业农村部门积极应对疫情冲击，打通堵点，扭转早稻面积连续下滑势头，全年粮食产量达到 13 390 亿斤*。

生猪生产加快恢复。能繁母猪和生猪存栏恢复到 2017 年的 91%，超过预期目标 11 个百分点。牛羊生产稳定，禽肉、禽蛋、牛奶产量明显增加。

长江十年禁渔全面实施。长江流域重点水域渔船渔民退捕任务全面完成，累计退捕渔船 11 万艘、渔民 22.8 万人，退捕渔民社会保障实现应保尽保，转产就业比例接近 99%。

产业扶贫助力脱贫攻坚圆满收官。全国帮扶 1 900 多万返乡留乡农民工就地就近就业，建成扶贫产业基地 30 多万个，发展合作社 72 万家，产业扶贫政策覆盖 98% 的贫困户。

唐仁健说，2020 年农业高质量发展稳步推进，乡村振兴重点任务梯次展开。国家现代农业产业园和农业产业强镇建设加快，高素质农民培育不断推进，农村人居环境整治三年行动任务如期完成，农村承包地确权登记颁证工作基本完成，启动实施新一轮宅基地制度改革试点。农业农村发展保持好

---

* 斤为非法定计量单位。1 斤＝500 克。——编者注

势头，为"十三五"画上圆满句号。

"十四五"：保供固安全 振兴畅循环

新开局，新气象。习近平总书记指出，全面实施乡村振兴战略的深度、广度、难度都不亚于脱贫攻坚，必须加强顶层设计，以更有力的举措、汇聚更强大的力量来推进。

唐仁健表示，"十四五"是开启全面建设社会主义现代化国家新征程的第一个五年，也是全面推进乡村振兴、加快农业农村现代化的关键五年。农业农村部门要着力"保供固安全，振兴畅循环"，重点把握好 6 个关键词——保供、衔接、禁渔、建设、要害、改革。

其中，保供既要保数量，也要保多样、保质量。粮食年产量要实现稳中有增，确保稳定在 1.3 万亿斤以上。生猪保供的重点是储备产能，确保猪肉产能稳定在 5 500 万吨左右。大力发展绿色、有机、地理标志农产品生产，推动品种培优、品质提升、品牌打造和标准化生产。

巩固拓展脱贫攻坚成果同乡村振兴有效衔接，要保持过渡期内主要帮扶政策总体稳定，推动脱贫攻坚政策平稳转型支持乡村振兴，加快健全乡村振兴工作体系。

唐仁健表示，"十四五"时期，还要坚持不懈抓好长江十年禁渔；实施乡村建设行动，把规划编制好，把硬件和软件建设好；解决种子和耕地两个要害问题；深化新一轮农村改革，激发农业农村发展动力活力。

聚焦关键：为新开局提供有力支撑

2021 年是实施"十四五"规划的第一年，做好农业农村工作的关键何在？

唐仁健将其概括为聚焦两个确保，两个要害，两个开好局、起好步——确保粮食产量保持在 1.3 万亿斤以上，确保不出现规模性返贫；解决种子和耕地两个要害问题；全面推进乡村振兴和加快农业农村现代化开好局、起好步。

粮食生产方面，确保每个省份播种面积只增不减。农业农村部 2021 年将继续向各地下达粮食面积、产量指标，推动适当提高稻谷最低收购价、完善玉米、大豆生产者补贴政策，加快推动国家粮食安全产业带建设。

种子是农业的"芯片"。要制定实施打好种业翻身仗行动计划。启动重点种源关键核心技术攻关和农业生物育种重大科技项目，实施新一轮畜禽水产遗传改良计划和现代种业提升工程，建好农作物和海洋渔业两大国家种质资源库，加快推进国家畜禽种质资源库建设。推进科企深度融合，支持种业龙头企业建立健全商业化育种体系。

为保护耕地，2021 年和 2022 年我国每年将建设 1 亿亩高标准农田、统筹发展高效节水灌溉 1 500 万亩。我国还将实施国家黑土地保护工程，建设 200 个集中连片退化耕地治理示范区，开展保护性耕作 6 000 万亩。

唐仁健表示，农业农村部还将重点提升乡村产业链供应链现代化水平，稳定生猪生产恢复势头，强化农业关键核心技术装备创新，推进农业产地环境治理和农产品质量安全，启动实施农村人居环境整治提升五年行动和乡村建设行动，推进农村重点领域改革和农业对外开放，为全面建设社会主义现代化国家开好局、起好步提供有力支撑。

张桃林副部长在十二届全国人大五次会议记者会上答转基因相关问题^①

中央人民广播电台记者:

在农业农村领域的转基因问题,可以说是老百姓关注度很高的问题之一。最近我们也看到,近几年来,农业部门在加强转基因监管和大力打击违法违规行为方面出台了很多的举措,请问,当前农业部门对转基因技术的态度有没有变化?另外,我国发展转基因有没有具体的路线图?

张桃林:

谢谢你的提问。转基因问题专业性强、涉及面广、关注度高。我想从两个方面回答你的提问。

第一方面,关于转基因技术及其安全性。

转基因技术是现代生物科技的前沿技术,在农业节本增效、资源高效利用、抗旱抗虫、减少化肥农药施用量、推进绿色发展方面具有独特作用和巨大潜力。转基因育种与传统育种一脉相承,本质上都是对基因的改造或者基因的重组,只是转基因技术拓宽了遗传资源的利用范围,而且更加定向、精准、高效。可以说,转基因技术是传统育种技术的延伸、发展和突破。

农业转基因技术安全性是可控的,是有保证的。国际食品法典委员会、联合国粮食及农业组织(简称联合国粮农组织)与世界卫生组织等部门就转基因技术的评价及安全性方面,制定了一系列国际公认和遵循的评价标准与准则,以保证经过安全评价以及批准的转基因产品除了增加我们期望的特定

---

① 2017年3月7日,十二届全国人大五次会议举行记者会,本篇文章根据张桃林副部长现场答问整理。文章来源:农业农村部官网,2017年3月7日。

功能外，比如抗虫抗旱功能，并不增加任何其他的风险。事实上，世界卫生组织、欧盟委员会、国际科学理事会等众多国际权威机构对转基因安全性进行了长期跟踪、评估、监测，结果都表明，经过安全评价获得政府批准的转基因产品与非转基因产品是一样安全的。大家可能注意到，去年以来，已经有 120 多位获得诺贝尔奖的科学家联名签署公开信，呼吁尊重有关转基因安全性方面的科学结论。事实上，自 1996 年批准转基因作物商业化种植以来，转基因技术发展迅猛，全球转基因作物的种植面积约 300 亿亩，种植的国家有 28 个，另外还有 37 个国家和地区进口使用转基因产品，没有发现一例被证实的安全性问题。

第二方面，我国转基因发展战略及监管情况。

转基因研发是国家重大科技专项。国家对转基因发展的方针是明确的，也是一贯的，即研究上要大胆，坚持自主创新；推广应用上要慎重，做到确保安全；管理上要严格，坚持依法监管。

我国转基因安全管理是科学规范的。首先，我国遵循国际公认的、权威的安全评价标准与规范，借鉴了美国、欧盟等国家和地区的一些做法，结合我们的国情特点，制定了一系列的法律法规、技术规程和管理体系，涵盖研究、生产、加工、进口和标识等全过程、全链条。第二，国家建立了由 12 个相关部委（包括农业部、科技部、环保部、卫计委、食药总局①等）组成的农业转基因生物安全管理部际联席会议制度，来统筹转基因的管理工作。第三，成立了国家农业转基因生物安全委员会，专门负责安全评价。这个安委会（履职的第五届安委会）有 75 名跨部门、跨学科的专家，他们都是农业、医药、卫生、食品、环境等相关领域的权威专家。

在依法严格监管方面，我们的态度是坚决的，措施是明确的。依法实施监管，建立了属地管理为主的监管体系和一系列制度，包括公开曝光、责任追究等。总的来讲，对违法违规行为，发现一起，查处一起。不过我要说明的是，目前查处的违规种植转基因作物，虽均已获国外安全证书和我国进口安全证书，并在国外广泛种植，表明其安全性是有保障的，但按照我国的评估规则和程序，这些作物还没有获得我国种植批准，违反了我国相关法律法规，仍然必须依法禁止种植。

---

① 5 个部委当时的全称分别是农业部、科学技术部、环境保护部、国家卫生和计划生育委员会、国家食品药品监督管理总局。

下一步，我们将继续积极稳妥推进转基因研究与应用。坚持分类指导、分步推进，按照"非食用→间接食用→食用"的路线图推进工作，也就是从非食用的经济作物，到饲料作物、加工原料作物，再到食用作物。当然，对口粮我们是慎之又慎，放在最后，现在也是作为一个储备的、占领制高点的方面。需要说明的是，目前我国尚未批准转基因粮食作物的商业化种植。

总之，我们将本着对人民高度负责的态度，积极研究、审慎应用、严格管理，推进转基因研究与应用健康有序发展，让科技更好造福人民。

谢谢大家。

张桃林副部长在国务院新闻办
"全面推进乡村振兴加快农业农村
现代化"新闻发布会上答种业翻身仗、
转基因相关问题①

红星新闻记者:

种子是农业的芯片,中央提出要打好种业翻身仗。请问,当前我国种业形势如何,这场翻身仗如何来打?

农业农村部副部长张桃林:

刚才唐仁健部长讲了保障粮食安全还是要大力实施"藏粮于地、藏粮于技"。在藏粮于技上,种业,包括种子的科研,是最重要的方面。农业现代化,种业是基础,处在我们整个农业产业链的源头。保障粮食安全,种子是要害,当然耕地也是要害。党中央、国务院高度重视,社会各界也十分关注,特别是最近一段时间,大家对种业发展的情况怎么样、对总体形势怎么看以及下一步种业工作怎么抓,都很关注。中央经济工作会议明确提出要立志打一场种业翻身仗,刚刚发布的中央1号文件对种业工作作出了全面部署。这是党中央作出的重要决策部署,是牢牢把住粮食安全主动权、筑牢农业农村现代化和人民美好生活种业根基的重大行动。

种业发展情况怎么样?总的来讲,我们国家农业用种安全是有保障的,风险也是可控的。特别是党的十八大以来,我国种业科技和产业发展取得了明显成效。当前,我们国家农作物,特别是粮食种子能够靠我们自己来解决,我国自主选育的品种种植面积占95%以上,做到了"中国粮主要用中

---

① 本篇文章来源:中国政府网,2021年2月22日。

国种"。猪、牛、羊等畜禽和部分特色水产种源立足国内有保障，现在畜禽、水产的核心种源自给率分别达到了75％和85％，这些都为粮食和重要农副产品的稳产保供提供了关键的保障和支撑。

对于当前种业形势怎么看？立足新发展阶段，构建新发展格局。与国际先进水平相比较，我国的种业发展还有不少的不适应性和短板弱项，迫切需要我们下功夫来解决。

首先，从品种水平看，差距比较明显。大家都知道，我国大豆、玉米现在的单产水平还不高，不到美国的60％，蔬菜国外品种种植面积占比达到13％，当然不同的品种比例不同。其中，耐储的番茄、甜椒等少数专用品种进口比例还比较大，超过了50％。生猪繁殖的效率、饲料转化率和奶牛年产奶量都只有国际先进水平的80％左右，特别是白羽肉鸡，它的祖代种鸡主要依靠进口。这些品种方面的发展水平直接关系到我国农业相关产业发展的质量、速度和效益。

第二，从种业自身来看，问题也还比较突出。主要表现在种质资源保护利用不够，一些地方土种以及珍稀濒危种质资源的消失风险还在加剧。自主创新能力还不强，特别是在育种的理论和关键核心技术方面，我国和先进水平相比还有比较大的差距，种业创新的主体企业竞争力不强，存在"小、散、低、重"这样一些问题。

第三，从时代要求看，形势紧迫。立足国内保障粮食和重要农产品用种安全的要求更加迫切，人民美好生活对农产品多样化需求日益增长，特别是一些高品质的、有特殊功能的品种和产品，我们还比较缺乏，需要培育更多的高产高效、绿色优质、节水节饲、宜机（适宜机械化）的专业优良品种。目前，世界种业正迎来以基因编辑、合成生物学、人工智能等技术融合发展为标志的现代生物育种科技革命，需要我们抓住机遇、加快创新，打好种业翻身仗，从而实现种业的跨越式发展。

关于下一步怎么办？中央1号文件已经对打好种业翻身仗作出了顶层设计和系统部署，涉及种质资源保护、育种科研攻关、种业市场管理，就是整个种业全链条各个环节。总的来讲，必须坚持底线思维和问题导向，围绕国家粮食安全和重要农副产品保数量、保多样、保质量的"三保"要求，遵循种业创新发展规律，破卡点、补短板、强优势。具体来讲，主要是5个方面的工作。

一是种质资源要保起来。这是我们种业科技创新的源头。要抓紧开展农作物、畜禽和水产种质资源的调查收集，把这些基础性工作做好。实施种质资源的精准鉴定评价，建好国家种质资源库，建立健全种质资源保护利用体系。

二是自主创新要活起来。这是我们种业发展的关键。要加强种业核心关键技术攻关，特别是当前要加快实施现代农业生物育种重大科技项目，深入实施农作物和畜禽育种联合攻关，有序推进生物育种产业化应用，同时要加强基础性前沿性研究，特别是要推进南繁硅谷等创新基地的建设。

三是种业企业要强起来。我想这是我们种业科技以及整个种业产业发展的关键主体。要遴选一批优势企业予以重点扶持，深化种业"放管服"改革，促进产学研结合、育繁推一体，建立健全商业化育种体系。

四是要把基地水平提起来。这是种源保障的基础。要发展现代化农作物制种基地，建好国家畜禽核心育种场和水产原、良种场，健全良种供应应急保障体系。

五是市场环境要优起来。这是种业创新的保障。净化种业市场，我想核心是要加强知识产权保护，保护知识产权就是保护创新，严格品种管理和市场监管。

概括起来，就是要加快构建种业创新体系（包括种质资源保护利用）、产业体系和治理体系三大体系，全面提升自主创新、企业竞争、供种保障和依法治理 4 种能力。我就回答这些，谢谢。

📷 每日经济新闻记者：

近日农业农村部办公厅发布了《关于鼓励农业转基因生物原始创新和规范生物材料转移转让转育的通知》（简称《通知》），鼓励农业转基因生物原始创新。这是否意味着农业转基因产业化将迈入快车道，农业农村部出台该政策是基于怎样的考虑？谢谢。

🎙 张桃林：

谢谢你对这个问题的关注。关于转基因问题，部里面同志多次在多种场合、多种方式作出回答。我国对转基因的方针是一贯的、明确的，就是研究上坚持自主创新、推广应用上确保安全、管理上严格监管。关于《通知》，发布《通知》本身是一个常规性工作，体现一手抓创新、一手抓监管，两手

都要硬这样的工作要求。大家可能都注意到，中央经济工作会议和这次中央
1号文件都明确提出，要尊重科学、严格监管、有序推进生物育种产业化应
用。农业转基因技术是现代生物育种的一个重要方面，也是发展最快、应用
最广泛的现代生物技术。根据统计，自1996年批准转基因生物商业化种植
以来，全球转基因作物的种植面积已经累计达到400多亿亩，涉及29个国
家，就是有29个国家种植转基因作物，另外还有40多个国家和地区进口转
基因农产品。对于农业转基因的产业化应用，我们还是继续本着尊重科学、
严格监管、依法依规、确保安全的原则有序推进，让转基因等现代农业生物
育种技术能够更好地造福人民。谢谢。

张桃林副部长在中国种子大会
暨南繁硅谷论坛上的讲话①

党的十九届五中全会明确提出要瞄准生物育种等前沿领域，实施具有前瞻性、战略性的国家重大科技项目，要提高农业良种化水平。中央经济工作会议强调要立志打一场种业翻身仗，中央农村工作会议及中央1号文件都作出了具体部署，刚刚结束的两会对种业发展又提出了明确要求。今天，我们各方面的领导、科学家、企业家以及关心种业发展的各界人士，从四面八方齐聚美丽的三亚，共同研究讨论种业发展暨南繁硅谷建设问题，意义非同寻常。

借此机会，我同大家交流、分享三个方面的情况和认识。

第一个方面，种业形势怎么看？下一步怎么办？

对于这个问题，社会各界都十分关心。党中央、国务院对种业发展高度重视，特别是党的十八大以来，我国种业科技和产业发展取得了明显成效，做到了"中国粮主要用中国种"，为粮食和重要农副产品的稳产保供提供了有力支撑。总体上看，我国农业用种安全是有保障的。但是，我们也要清醒地看到，当前我国种业发展内外部环境正面临深刻变化，立足新发展阶段、贯彻新发展理念、构建新发展格局，有些品种、有些领域和有些环节，与国际先进水平相比较，尤其是对标人民美好生活对种业提出的新的更高要求，还存在明显的不足，迫切需要我们下功夫、赶上去。

那么怎么办？就是要围绕高质量、绿色发展，打好种业翻身仗。中央1号文件对此已经作出了顶层设计和系统部署，涉及种质资源保护、育种科研攻关、种业市场管理等种业全链条各环节。总的来讲，必须坚持底线思维和问题导向，围绕国家粮食安全和重要农副产品的保数量、保多样、保质量，这个"三保"要求，遵循种业科技创新发展规律，突破卡点，补上短板，做

---

① 2021年3月20日，2021中国种子大会暨南繁硅谷论坛在海南三亚开幕，农业农村部副部长张桃林出席会议并讲话。本篇文章根据录音整理。文章来源：中国种子协会官网，2021年3月23日。

强优势。具体概括一下：一是要把种质资源保起来，这个是种业科技创新的源头。农业农村部要组织开展全国性的农作物、畜禽和水产种质资源普查收集活动或者行动，推进种质资源精准鉴定评价，建好国家种质资源库。二是要让自主创新活起来，这是种业发展的关键。要加强种业核心关键技术攻关，特别是要加快实施现代农业生物育种重大科技项目，深入实施农作物和畜禽育种联合攻关，有序推进生物育种产业化应用，同时要加强基础性前沿性研究，特别是要推进南繁硅谷等创新基地建设。三是要让种业企业强起来，这是建立健全商业化育种体系的关键或者核心。要深化种业"放管服"改革，促进产学研结合、育繁推一体化，让市场的力量成为资源整合和科技创新的重要驱动力，让企业成为创新的主体。四是要把基地水平提起来，这是种源保障的基础。要加快发展现代化农作物制种基地，对国家核心育种场和水产原、良种场给予更多的支持，健全良种供应应急保障体系。五是要让市场环境优起来，这是种业创新的要求。核心是加强知识产权保护，严格品种管理和市场监管。今年我们将推出种子执法监管年等系列安排，采取更加精准有力的措施。

第二个方面，种业格局怎么建？特别是几个关系怎么摆、怎么把握和处理？

党的十九届五中全会指出，"十四五"时期经济社会发展必须坚持系统观念，加强前瞻性思考、全局性谋划、战略性布局、整体性推进，坚持全国一盘棋，更好发挥各方面积极性，实现发展质量、结构、规模、速度、效益、安全相统一。这对于当前和今后一个时期推进种业高质量发展，也同样具有很强的针对性和指导性。当前我们要特别注意研究把握好三个问题或者三个关系。

一是政府和市场的关系。如何用好政府"看得见的手"和市场"看不见的手"，合力推进种业发展，是时代给出的重要课题。2000年《中华人民共和国种子法》（简称《种子法》）颁布以来，我国种业全面进入市场化阶段，现在已形成居世界第二的种业大市场，拥有了完整的种业产业链，但市场主体还存在着多小散弱问题，扶持政策有待加强，配套措施有待完善。从市场端看，要遵循市场规律，善用市场机制，增强市场主体的资源要素配置效率和竞争力，加快培育一批种子企业。在种子企业培育方面，我们既要扶持培育大而强的领军型、旗舰型企业，也要支持发展专而精的一些创新型的中、小企业，提升企业差异化竞争能力，逐步构建大中小、多层次、协调发展的企业基础和产业发展的格局。从政府端看，要完善种业支持政策，尤其要发挥好新型举国体制优势，解决好市场不愿意干或干不了、干不好的事。比如，组织开展农业种质资源普查，支持推进核心种源关键技术攻关以及公共科研平台和设施、条件、能力建设，这里我要特别强调，人才培养和队伍建设是根本，在这方面我们要下更大的力度。同时，政府还要当好市场的裁判员和守夜人，要在建设完善的市场体系和营造良好的营商生态、公平的竞争环境等方面主动作为，用改革激发市场活力，用法治规范市场行为，调动各个方面的发展积极性。

二是中央与地方的关系。党的十八大以来，种业法规不断完善、改革政策逐步强化，为种业健康发展提供了良好环境。如何让政策落地生根，怎样把制度很好地执行下去，确保中央和地方两个积极性都能很好地发挥，拧成一股绳，形成发展合力，关键是要明确责任、明确分工。那么在这个地方，中央抓国家层面，主要抓好顶层设计，做好规划、统领，定方向，抓统筹，地方和国家的力量形成一盘棋，形成发展合力；地方主要是根据地方产业和具体产业以及经济社会的发展情况、发展优势、发展重点，抓执行、抓落实。从做强产业链看，要搞好国家层面规划统筹，今年我们将发布种业发展"十四五"规划，推进全链条衔接，全要素提升，加快全行业上中下游贯通步伐，地方要做好衔接落实，立足本地实际，做优特色，做强品牌，打造优势产业。从科研分工看，中央单位要主攻基础性前沿性研究，增强创新的源动力；地方单位要强化应用型研究，不要上下一般粗，搞低水平重复，努力促进基础研究与应用研究对接融通。从政策落实看，地方任务很重，要坚决落实好属地责任。近期我们要部署推进全国的农业种质资源普查、制种大县奖励政策落实等工作，这些政策落实得好不好，主要还是看地方。这里，我要特别强调一下南繁工作。做好南繁工作，对带动全国种业创新发展、加快提升自主创新能力具有重大战略意义。刚才省长同志①对南繁工作做了很好的回顾和发展展望。省里要继续高标准建设好南繁科研育制种基地，谋划打造好南繁硅谷，落实好人才引进、知识产权、财税金融等政策支持，力争建成国际化高水平现代种业创新高地。我们各省也要积极加大投入，提高南繁基地设施化标准化现代化水平。农业农村部也会将南繁基地作为工作的一个重要方面，继续进行支持。

① 时任海南省省长。

三是国际与国内的关系。高质量发展离不开高质量的对外开放。中国种业是开放的种业，与世界种业一直保持同频共振。目前，世界种业企业以独资、合资等形式在国内开展业务，为国内提供新品种及相关服务，形成了良好的发展格局。着眼未来，我们将积极推进种业创新国际合作。欢迎国外企业按照有关规定到中国投资种业，引进先进理念、优异资源、关键技术和高端人才，支持与国外机构共建种业研发平台和第三方创新服务机构。支持种子协会等组织，搭建好平台，服务中外交流。同时，开放的中国也将积极参与国际组织活动；鼓励企业走出去，学习国外经验，开展国际合作；鼓励与国外科研机构依法开展合作研究，我们的种业科研还是要开放式地进行，共享科研成果，有力推动我国种业在国际事务中展现中国风采、作出中国贡献。

第三个方面，种业创新怎么搞，技术路线怎么走？

党的十九届五中全会强调，要坚持创新驱动发展，全面塑造发展新优势，把科技自立自强作为国家发展的重要战略支撑。种业发展在贯彻落实这一要求过程中，必须面向世界种业科技前沿、面向农业农村现代化主战场、面向人民美好生活需要，加快推进种业创新攻关，为种业高质量发展提供强有力的科技支撑。当前，特别要注意技术路线和创新环境问题。

一方面，对常规育种和生物育种要统筹兼顾。也就是说要处理好常规育种与生物育种的关系。加上前面我讲的三个关系，可以说这是在推进种业发展中要处理好的第四个关系。常规育种是品种改良的基础，"十三五"期间，我们80%以上的审定品种都是通过常规育种选育。现代生物技术是在常规育种基础上创制育种材料，提高育种定向性、精准性和有限性。因此，要把两种育种技术最大限度地挖掘出来，两条技术路线必须系统推进，相得益彰，不能顾此失彼。当前，关键是要在保持常规育种优势的前提下，更加突出现代生物育种的创新和应用。要看到差距。虽然近年来我国种业科技进步明显，我想大家在接下来的论坛中，会作出更加详细的比较和分析。世界种业已进入到"常规育种＋现代生物技术育种＋信息化育种"的"4.0时代"，正迎来以基因编辑、全基因组选择、人工智能等技术融合发展为标志的新一轮科技革命。对我国种业来讲，既是挑战，更是难得的发展机遇。要对标要求，坚持目标导向和问题导向，把保障国家粮食和重要农产品用种安全作为品种创新的核心任务，发挥好常规育种优势，用好生物育种技术，加快培育高产高效、绿色优质、节水节饲、宜机专用等多功能和多样化的优良品种，满足农业良种化要求。同时要有序推进生物育种产业化。在生物育种方面，我们还有很多短板、弱项，当前要落实好中央经济工作会议精神，在尊重科学、严格监管的基础上，有序推进生物育种产业化应用，在关键核心技术上实现突破。

另一方面，推进创新和保护齐头并进。如果要讲关系的话，这是要处理好的第五个关系，处理好创新和保护。这个保护包括两个方面。一个是种质资源的保护，还有一个就是种业创新科技成果保护，比如新品种知识产权保护。推动种业创新，必须保护创新者权益。保护创新者权益，必须依靠知识产权制度。全面提高知识产权创造、运用、保护和管理的能力，才能真正实现种业创新发展。处理好种业创新和保护的关系，关键要"两手抓、两手都要硬"。要下大力度支持和推进种业创新。充分发挥企业和科研机构这两个核心主体的作用。支持科研机构持续推进基础性公益性研究，加快种质创制和共性关键技术创新。支持企业加大育种投入，完善商业化育种体系。推进科企深度融合，探索成立实体化创新联盟，现在成立的联盟不少，但是我们希望在资本方面成立联盟或联合体。持续推进国家农作物和畜禽良种攻关，深入实施畜禽遗传改良计划，加快培育具有自主知识产权的突破性品种。加强国家种业创新力量战略布局，特别是国家战略布局，建设国家级和区域级种业创新中心。同时要加快推进种业科研成果产权交易平台建设，加快成果转移转化。现代种业既是科技密集型产业，也是技术密集型产业，要推进种业与金融、科技结合发展，加大社会资本对种业创新的支持力度。今天，金融机构也都参会了，下一步我们要共同努力，能够出台推进一些措施。要强化种业知识产权保护，加快推动修订《种子法》《中华人民共和国植物新品种保护条例》，建立实质性派生品种制度，提高保护强度，鼓励原始创新。要研究提高主要农作物品种审定标准，审定标准和门槛要进一步提高，强化非主要农作物登记管理，有效解决品种多和同质化严重问题。要严格市场监管，严打假冒侵权违法行为，为创新营造良好发展环境。

今年是建党100周年，是实施"十四五"规划、全面推进乡村振兴的第一年。加快现代种业发展，打好种业翻身仗，责任重大，使命光荣。这需要多方参与，还需要我们共同努力。这次中国种子大会暨南繁硅谷论坛聚焦"种业使命与南繁未来"主题，汇集国内外科学家、企业家及各方面智慧，共谋种业大计，共叙种业大事，必将为筑牢"十四五"农业农村现代化和人民美好生活种业根基注入新的更大动力。

科学认识和利用农业转基因技术^①

党中央、国务院高度重视农业转基因技术发展。习近平总书记强调，转基因是一项新技术，也是一个新产业，具有广阔发展前景，要大胆研究创新，占领制高点，同时涉及安全的因素都要考虑到。2015 年中央 1 号文件要求，要加强农业转基因技术研究、安全管理、科学普及，强化农业科技创新驱动作用，进一步明确了农业转基因工作的方向和重大任务。自 1996 年世界转基因农作物商业化应用以来，转基因安全问题一直受到社会广泛关注，尤其在我国，争论更是不绝于耳，必须科学认识、理性对待、正确把握、依法管理，才能推动我国农业转基因研究与应用健康发展。

一、转基因技术是农业科技发展的前沿

科技是第一生产力，农业科技的每一次重大突破，都会引发生产力和生产方式的深刻变革，推动农业的跨越发展。第一次工业革命催生和促进了机械化农业的发展，极大地提高了农业劳动生产率。19 世纪中后期，随着植物矿质营养学和农业化学与合成化学的发展，化肥和农药等农用化学品被大量使用，化学农业或石油农业的兴起极大地提高了作物产量。20 世纪以来，遗传理论的突破实现了基因资源的种内转移，以矮秆、杂种优势利用为代表的作物育种技术掀起了一场绿色革命，粮食大幅度增产，如美国的杂交玉米、墨西哥的矮秆小麦、我国的杂交稻都取得了划时代的成就。目前，以基因组学、合成生物学、分子生物学为代表的，包括转基因育种在内的现代农业生物技术快速发展，正在推动着新一轮农业科技革命和产业绿色革命。

基因是含有特定遗传信息的 DNA（脱氧核糖核酸）序列，是决定生物特性的最小功能单位。作为现代生物工程技术前沿的转基因育种，就是通过从一个生物体中提取结构明确、功能清楚的基因转移到另一个生物体，以获得新性状，培育新品种。转基因育种与传统育种都是对基因进行转移和重

---

① 作者：张桃林，原农业部副部长、中国科协原副主席。文章来源：时事报告（党委中心组学习），2015 年第二期。

组，不同的是传统育种一般为种内基因转移，而转基因育种则能够打破物种界限实现基因转移，拓宽遗传资源利用范围，更为精准、高效和可控。例如，第一代转基因作物就是通过将微生物杀虫蛋白基因或耐除草剂基因转移到作物上，以获得抗虫或耐除草剂性状，进而减少农药使用，降低农药残留和环境污染及农产品安全风险，减少人工除草成本，提高产业竞争力。因此，转基因育种技术是传统育种技术的延伸、发展和新的突破。

二、全球农业转基因研究与应用发展迅猛

全球农业转基因生物产业化快速发展。面积快速扩大，由 1996 年的 170 万公顷扩展至 2014 年的 1.8 亿公顷，增加 106 倍，占全球 15 亿公顷耕地的 12％左右。全球主要农作物种植面积中，82％大豆、68％棉花、30％玉米、25％油菜都是转基因品种。种植国家迅速增加，种植转基因作物的国家由 1996 年的 6 个增加到 2014 年的 28 个，加上批准进口的 37 个国家，全球商业化应用的国家已增加到 65 个。作物种类增多，全球批准商业化种植的转基因作物已增加至 28 种。美国一直是转基因作物最早和最大的种植与消费国家，2014 年种植面积 7 310 万公顷，占美国可耕地面积的 40％以上[1]。美国种植的 90％玉米和棉花、93％大豆、99％甜菜都是转基因品种，市场上 70％加工食品都含有转基因成分。2014 年和 2015 年，美国又分别批准了品质改良转基因马铃薯、苹果的商业化种植，开始了转基因主粮和水果的种植。巴西、阿根廷、印度、加拿大等都是主要的转基因作物种植国，面积都超过 1 000 万公顷。巴西、阿根廷在 20 世纪 70 年代前大豆种植面积小、单产水平低，种植转基因大豆后面积迅速增加，出口量逐年增长，目前均已接近美国，排名分别位居全球第二、第三。南非玉米单产以前只有我国的一半，引进种植转基因玉米后，单产水平已经接近我国，一举由玉米进口国变为出口国。印度 1997 年引进转基因棉花种植后由净进口变为净出口。不过，相比较而言，欧盟只在西班牙等部分成员国有少量转基因玉米种植，

---

[1] 全球农业转基因生物产业化快速发展。面积快速扩大，由 1996 年的 170 万公顷扩展至 2019 年的 1.9 亿公顷，增长 112 倍，约占全球 15 亿公顷耕地的 12.7％。全球主要农作物种植面积中 74％的大豆、79％的棉花、31％的玉米、27％的油菜都是转基因品种。国家迅速增加，种植转基因作物的国家由 1996 年的 6 个增加到 2019 年的 29 个，加上批准进口的 42 个国家，全球商业化应用的国家已增加到 71 个。全球批准商业化种植的转基因作物已增加至 32 种。美国一直是转基因作物最早和最大的种植与消费国家，2019 年种植面积 7 150 万公顷，占美国可耕地面积的 40％以上。

但允许大量进口转基因大豆、玉米等用作加工原料。同样，日本虽然也没有批准转基因作物在本国进行商业种植，但允许进口了8种马铃薯、12种大豆、181种玉米等大量转基因农产品。

全球转基因技术竞争日益激烈。转基因技术及其在农业上的应用经历了技术成熟期和产业发展期后，目前已进入以抢占技术制高点与培育现代农业生物产业新增长点为目标的战略机遇期。无论是发达国家还是发展中国家，均把以转基因为核心的生物技术作为增强产业核心竞争力和推动产业提质增效的战略举措。目前，全球转基因技术研发呈现如下几点态势。一是研究领域不断拓展。研究种类由最初非食用的烟草、林木、花卉、棉花等拓展到间接食用的大豆、玉米，再到直接食用的水稻、小麦、蔬菜、水果等。目标性状从单一的抗虫、耐除草剂向抗旱、养分高效利用、营养品质改良等方向拓展。含有复合功能基因、提高作物抗逆性状以及改善营养、增进健康的新一代转基因作物的研发明显提速，成为竞争的新热点。美国新推出的转基因玉米，聚合了8种新型基因，能够兼抗地上地下6种害虫并耐2种除草剂。以药用和工业利用为代表的新型转基因生物研发加快，已渗透到食品添加剂、疫苗和工业生产等领域。二是转基因技术更加准确高效。新一代基因转化技术实现了定点整合、无选择标记和外源基因删除，转化过程更为精准可靠；突破了基因型限制和多基因聚合的技术难题，实现了标准化、规模化、工厂化操作，大大提高了转化效率。三是研发投入大幅度提升。巴西、阿根廷、印度等发展中国家对转基因作物研发投入成倍增加，势头强劲。世界前三强种业公司（孟山都、杜邦先锋、先正达）每年研发投入均超过10亿美元，占销售收入的10%左右。

三、农业转基因生物安全风险可控已有科学定论

农业转基因技术本身是中性的，既可以造福人类也可能产生风险，正因如此，需要进行严格的安全评价和有效监管，趋利避害，防范风险。转基因产品是否安全关键看转入的基因、表达的产物以及转入过程是否增加了相关的风险，因此需要个案分析，逐个开展安全评价以确保安全，这也是世界各国加强转基因安全管理的通行做法。

从科学角度看，农业转基因技术的安全性主要包括两个方面，即食用安全和环境安全。科学研究表明，任何一种食物，包括转基因食物，进入胃肠后，蛋白质、脂肪、碳水化合物等分解成小分子被人体吸收。转基因产品只

要经过安全评价和验证，表明其转基因表达的蛋白质不是致敏物和毒素，就不会因食用而出现安全问题。为此，国际食品法典委员会（CAC）、联合国粮农组织（FAO）与世界卫生组织（WHO）等制定了一系列转基因生物安全评价标准，是全球公认的评价准则。包括对转基因产品食用的毒性、致敏性、致畸性，以及对基因漂移、遗传稳定性、生存竞争能力、生物多样性等环境生态影响的安全性评价，以确保只要通过安全评价、获得安全证书的转基因生物及其产品就都是安全的。事实上，全球大规模商业化种植转基因作物已有20年，迄今为止未发生一例被科学证实的安全问题。

国际社会对于转基因的安全性是有权威结论的。经济合作与发展组织（OECD）、世界卫生组织WHO和联合国粮农组织FAO，充分研讨后得出结论，目前上市的所有转基因食品都是安全的。欧盟委员会历时25年，组织500多个独立科学团体参与的130多个科研项目得出的结论是"生物技术，特别是转基因技术，并不比传统育种技术危险"。世界卫生组织认为，"目前尚未显示转基因食品批准国的广大民众使用转基因食品后对人体健康产生了任何影响"。国际科学理事会认为，"现有的转基因作物以及由其制成的食品，已被判定可以安全使用，所使用的监测方法被认为是合理适当的"。英国皇家医学会、美国国家科学院、巴西科学院、中国科学院、印度国家科学院、墨西哥科学院和第三世界科学院联合出版的《转基因植物与世界农业》认为，"可以利用转基因技术生产食品，这些食品更有营养、储存更稳定，而且原则上更能够促进健康，给工业化和发展中国家的消费者带来惠益"。

四、我国农业转基因安全管理科学规范

基于对转基因可能存在潜在风险的清醒认识，各个国家和地区普遍重视风险评估并遵循全球公认的评价指南，建立了全面系统的转基因安全评价方法和程序及相关法规制度，确保转基因生物安全。但由于各个国家和地区在农业、环境与生物多样性以及经济、贸易和文化等方面存在的差异，各个国家和地区根据本国利益需求和国情制定的转基因安全管理制度及法规不尽相同。例如，美国主要遵循"可靠科学原则"，实行以产品为基础的管理模式，即强调产品本身是否确有实质性的安全问题，而不在于是否采用了转基因技术，只有可靠的科学证据证明存在风险并可能导致损害时，政府才采取管制措施。风险分析中应用产品实质等同性原则，不单独立法，而是实施多部门

按既有职能分工协作的管理体系。而欧盟则主要采用"预防性原则"，强调过程安全评价管理，即关注研发过程中是否采用了转基因技术，凡是转基因就认为可能存在风险，需要通过专门的法规加以管理和限制。因此在风险分析中采用预防性原则，并单独立法，实施专门统一管理的管理体系。

我国农业转基因安全管理严格规范，遵循国际通行指南，综合借鉴美国和欧盟做法，注重我国国情农情，安全评价既针对产品又针对过程，以确保安全和国家利益。一是建立健全了一整套适合我国国情并与国际接轨的法律法规、技术规程和管理体系。涵盖转基因研究、试验、生产、加工、经营、进口许可审批和产品强制标识等各环节。2001年，国务院颁布了《农业转基因生物安全管理条例》，之后，农业部制定并实施了《农业转基因生物安全评价管理办法》《农业转基因生物进口安全管理办法》《农业转基因生物标识管理办法》《农业转基因生物加工审批办法》4个配套规章，国家质检总局①施行了《进出境转基因产品检验检疫管理办法》。二是加强技术支撑体系建设。遴选出相关领域技术业务扎实、学术水平较高的专家，组建国家农业转基因生物安全委员会，负责转基因生物安全评价和开展转基因安全咨询工作。目前正在履行职能的第四届安委会委员共有64名，来自国务院各有关部门推荐的相关领域，包括农业、医药、卫生、食品、环境、检测检验等，具有广泛的专业代表性和政府权威性。组建了由41位专家组成的全国农业转基因生物安全管理标准化技术委员会，已发布151项转基因生物安全标准。认定了40个国家级的第三方监督检验测试机构②。三是建立了转基因生物安全监管体系。国务院建立了由农业、科技、环保、卫生、食药、检验检疫等12个部门组成的农业转基因生物安全管理部际联席会议制度。农业部设立了农业转基因生物安全管理办公室，负责全国农业转基因生物安全的日常协调管理工作。县级以上地方各级人民政府农业行政主管部门负责本行政区域内的农业转基因生物安全的监督管理工作。四是加强了转基因标识的管理，发布了《农业转基因生物标签的标识》国家标准，依法对转基因大豆、玉米、油菜、棉花、番茄5类作物17种产品实行按目录强制标识。

根据《农业转基因生物安全管理条例》及配套规章规定，我国对农业转

---

① 当时的全称为国家质量监督检验检疫总局。

② 数据更新：2019年，正在履行职能的第五届安委会委员共有74名。组建了由37位专家组成的全国农业转基因生物安全管理标准化技术委员会，已发布241项转基因生物安全标准。认定了41个国家级的第三方监督检验测试机构。

基因生物实行分级分阶段安全评价管理制度。转基因生物安全评价按照风险高低分成 4 个等级，按 5 个阶段进行，即实验研究、中间试验、环境释放、生产性试验和申请安全证书 5 个阶段，在任何一个阶段发现任何一个对健康和环境不安全的问题，都将立即终止。以我国转基因抗虫水稻安全评价为例，自研发单位 1999 年申报转基因抗虫水稻"华恢 1 号"和"Bt 汕优 63"安全评价以来，对食用安全和环境安全进行了系统全面的评价，评价过程长达 11 年之久，而且我国对转基因水稻食品安全检测的一些指标严于国际标准，增加了大鼠三代繁殖试验和水稻重金属含量分析等指标。实践表明，我国转基因安全管理的评价指标科学全面严格，评价程序客观规范严谨。

五、我国农业转基因发展机遇与挑战并存

我国一贯高度重视农业转基因技术发展。近 9 年来中央 1 号文件 6 次提到转基因技术，"863""973"等国家科技计划都将转基因技术研发与安全性评价研究作为重大项目予以支持，2008 年国家启动实施了"转基因生物新品种培育重大专项"，2009 年生物育种被列入国家战略性新兴产业。因此，推动转基因研究与应用是我国既定的战略决策，特别是作为我国农业领域唯一的国家科技重大专项——"转基因生物新品种培育重大专项"实施以来，以水稻、小麦、玉米、大豆、棉花五大作物为重点，以抗病虫、耐除草剂、养分高效利用、高附加值、功能性等转基因作物新品种培育为目标，取得了一系列重大进展，初步建成独具特色的转基因育种科技创新体系，整体研发水平在发展中国家居领先地位。其中，水稻、小麦等全基因组序列的测定、水稻功能基因组学研究以及抗虫转基因水稻、抗虫棉、转植酸酶玉米等产品研发处于世界领先水平，抗虫玉米、耐除草剂大豆和抗旱小麦居国际先进水平。克隆了具有自主知识产权和重要育种价值的高产、抗病虫、抗逆等关键基因 100 多个，并已广泛应用于重大育种材料的创制工作中，打破了发达国家和跨国公司基因专利的垄断，显著提升了我国自主基因、自主技术、自主品种的研发能力，在新品种培育的不同阶段已形成金字塔型成果储备，具备了持续培育转基因生物新品种的技术能力。目前，我国批准并大面积种植的转基因作物只有棉花和番木瓜，批准允许进口的转基因作物有大豆、玉米、棉花、油菜和甜菜。至今，我国已育成转基因抗虫棉新品种 100 多个，累计推广 2 400 多万公顷，减少农药用量 37 万吨，增收节支 400 多亿元，国产

抗虫棉市场份额达到 96%①。

虽然我国的转基因技术研究与应用已具备良好的基础条件，但依然面临激烈的国际竞争、繁重的发展任务和短期内难以消除的争论，机遇与挑战并存。从全球范围看，转基因技术发展日新月异，抢占科技制高点的竞争异常激烈。发达国家都把转基因技术作为新一轮农业科技革命的重要方向，纳入国家战略重点。美国、日本、澳大利亚等发达国家加强了生物育种领域功能基因的挖掘和利用，拥有的水稻、小麦、玉米、棉花和大豆等作物基因专利数量超过全球总数的 70%。跨国公司纷纷抢滩登陆，在我国陆续建立研发机构，关注产业核心技术和产品研发的同时积极向基础研究领域以及产业的上下游延伸。转基因作物商业化应用在更大规模、更大范围快速扩大并不断向多功能、多领域拓展，正改变着世界农产品贸易格局，我国农业产业发展面临新挑战。

从国内看，一方面，农产品刚性需求增长与资源环境约束趋紧并存，重大病虫害多发频发，干旱、高温、冷害等极端天气条件时有发生，农药、化肥过度使用，依靠常规技术提高单产越来越难。突破资源环境约束，保障重要农产品有效供给，急需加快培育一批抗虫、耐除草剂、抗旱、耐盐碱等抗逆农作物重大品种，保障农产品的数量安全和质量安全；急需加强研究，找到与产量、品质相关的基因，提高单产水平，改善品质结构，实现农业从传统的资源消耗型向环境友好、优质高效型现代农业转变。另一方面，我国转基因发展面临社会环境挑战。对转基因存在争议本属正常，但在我国一定程度上已变成了一个被反复炒作、过度放大，甚至妖魔化的话题，影响到转基因的健康发展。关于转基因的争论，原因是多方面的。首先是科学认知问题。转基因技术是个新技术，公众对其认识有个过程，存在疑虑和担心是正常的，容易受到负面舆论的影响，"宁可信其有，不可信其无"。历史上，不少重大的、突破性的新技术从发明到广泛应用、普遍认可，往往也经历过公众从质疑甚至反对到逐步接受的过程，例如牛痘接种、试管婴儿等。其次是一些虚假报道与谣言被反复炒作。"转基因玉米致癌""转基因马铃薯试验大鼠中毒""转基因玉米致母猪流产"等谣言，虽然被科学界和有关国家生物安全管理机构一一否定并证伪，但其负面影响广泛，也加剧了普通消费者的

---

① 数据更新：截至 2021 年 4 月，我国已育成转基因抗虫棉新品种 190 多个，累计推广 5 亿多亩，减少农药用量 65 万吨，增收节支 650 多亿元，国产抗虫棉市场份额达到 99%。

恐慌心理。第三是对转基因缺乏全面认识。例如，一些人对转基因增产的质疑，认为目前的转基因品种不具增产效果，难以解决粮食安全问题。其实，基因具有抗虫、耐除草剂、抗旱、品质改良、高产等多种类型、多种功能。作物能否直接增产与转入的目的基因及其功能密切相关。例如，目前转入并得到普遍应用的是抗虫和耐除草剂基因，不以增产为目的，但由于其减少了农药使用和产量损失并增加了种植密度，客观上增加了作物产量。理论上讲，转基因作物在直接增产方面是具有潜力的。又例如，有人担心"Bt 蛋白虫子吃了都死，人吃了能不死吗"，其实 Bt 蛋白具有高度专一性，仅对鳞翅目害虫有作用，对其他昆虫以及人类都是安全的。当然，应该清醒地认识到目前我国转基因监管的机构、队伍、手段仍显薄弱，亟待加强，违规种植转基因作物的现象也偶有发生。例如，我国转基因水稻的零星违规种植问题，虽然 2009 年我国已对转基因抗虫水稻"华恢 1 号"和"Bt 汕优 63"依法批准发放了安全证书，表明其种植和食用都是安全的，但依照我国有关法律，这只是前提条件，还需要经过品种审定、种子生产和经营许可等批准后才可以商业化种植。为此，必须严格依法加强监管，发现一起，查处一起。此外，在转基因产品标识及管理方面，相对于国际上普遍实行定量标识（设定阈值，如欧盟 0.9％，日本 5％），我国实行的是更加严格地按目录强制定性标识制度，即只要含有转基因成分就必须标识，这无疑增加了标识的成本和监管的难度，因标识及其监管涉及制种、销售、种植、收储、加工、经营、流通等各环节全过程。事实上，标识与安全性无关（因而美国实行自愿标识制度[①]），主要是满足消费者的知情权和选择权。

六、我国农业转基因发展战略与重点任务

以转基因技术为核心的现代农业生物技术在缓解资源约束、保障食物安全、保护生态环境、拓展农业功能等方面已显现出巨大潜力，成为世界各国增强农业核心竞争力的焦点，在现代农业发展中发挥着先导和引领作用。当前，要按照党中央、国务院的战略部署，进一步强化战略、法律、科技、行政、舆论五大支撑，积极研究、审慎应用、严格管理、科学宣传，保持定力，把握节奏，积极稳妥推进转基因研究与应用。

在指导原则上，一要坚持自主创新、重点突破。从我国农业生产重大需

---

① 数据更新：2020 年，美国开始实施强制转基因标识管理制度。

求出发，突破核心关键技术，抢占科技竞争制高点。二要坚持科学评估、审慎决策。严格按照法规和技术标准，遵循国际通行原则，开展科学评价，完善信息公开和部门会商机制。三要坚持规范程序、依法管理。严格规范试验、评价、决策和监管程序，加大监管力度，实现研究、试验、生产、加工、经营和进出口的全程监管。四要坚持分类指导、分步推进。综合评估科学、经济、贸易、社会和文化等因素，按照"非食用→间接食用→食用"的步骤推进产业应用。需要指出的是，这种推进顺序不是基于安全性考量，而是综合考虑了产业需求、国内外竞争态势和公众的接受程度。因为，只要通过安全评价，获得安全证书的转基因生物及其产品就是安全的，包括粮食作物。

推进转基因研究与应用，当前需要突出技术研究、安全管理、科普宣传3个重点。一是加强技术研究，占领制高点。针对我国干旱、盐碱、病虫多发、气候变化等农业发展重大问题，实施抢占制高点战略、技术储备战略、产业应用战略，优先攻克抗旱、抗虫及耐除草剂等性状在主要农作物应用上的技术难关，培育转基因优质棉、抗虫及抗旱玉米、耐除草剂大豆等重大品种，带动现代种业发展。二是加强监督管理，确保安全。研究制定转基因品种审定办法，建立健全相关制度。强化转基因生物安全属地管理制度和研发者"第一责任人"的责任。严格按照法规开展转基因制种及种植试验，防止违规种植扩散。加大品种审定环节检测力度，防止未获批准的转基因种子流入市场。加强农产品及其加工品转基因成分例行监测和重点地区抽检。强化部门协同，实施分段监管，保障公众知情权和选择权，做到有标识、可控制、能溯源。三是加强科普宣传，营造良好氛围。转基因工作专业性强、涉及面广、关注度高，科普宣传要力求全面客观公正，尊重科学，尊重事实。工作中要注重统筹资源，整合力量，创新机制，形成科普宣传合力；要努力培育一批懂技术、会科普、接地气的科普宣传队伍；要紧紧依靠宣传主渠道，积极运用新兴媒体，打造科普宣传平台；要深入学校、社区和公共场所，加强与公众的沟通交流，扩大科普宣传覆盖面，为我国农业转基因技术研究和应用创造良好的氛围。

农业部新闻办公室举行新闻发布会就"农业转基因有关情况"答记者问^①

2016 年 4 月 13 日，农业部新闻办公室举行新闻发布会，向媒体介绍农业转基因有关情况。农业部办公厅主任、新闻发言人叶贞琴主持发布会。农业部科技教育司司长廖西元、中国工程院院士、国家农业转基因生物安全委员会主任委员吴孔明就有关情况进行了通报，并回答记者提问。

我国自主基因、技术、品种研发能力显著提升

廖西元：

发展转基因是党中央、国务院作出的重大战略决策。中央对转基因工作要求是明确的，也是一贯的，即研究上要大胆，坚持自主创新；推广上要慎重，做到确保安全；管理上要严格，坚持依法监管。今年中央 1 号文件强调，要"加强农业转基因技术研发和监管，在确保安全的基础上慎重推广"。

全球转基因研发发展势头强劲。研发对象更加广泛，已涵盖了至少 35 个科，200 多个种，涉及大豆、玉米、棉花、油菜、水稻和小麦等重要农作物，以及蔬菜、瓜果、牧草、花卉、林木及特用植物等。研究目标更加多样，由抗虫和抗除草剂等传统性状向抗逆、抗病、品质改良、营养保健拓展。转基因技术更加精准，基因编辑技术、定点重组技术的突破使基因操作实现安全化、精准化。

中国作为农业生产大国，必须在转基因技术上占有一席之地。为此，国务院在 2008 年批准设立了转基因重大专项，支持农业转基因技术研发，我国科研人员克隆了 100 多个重要基因，获得 1 000 多项专利，取得了抗虫

① 本篇文章来源：中国政府网，2016 年 4 月 14 日。

棉、抗虫玉米、耐除草剂大豆等一批重大成果，我国自主基因、自主技术、自主品种的研发能力显著提升。

全球转基因产业化应用发展迅速。1996 年转基因作物开始商业化种植，到 2015 年种植转基因作物的国家已经增加到 28 个，年种植面积接近 27 亿亩。转基因技术的推广显著促进了农业增产增效。目前，我国批准种植的转基因作物只有棉花和番木瓜，2015 年转基因棉花推广种植面积 5 000 万亩，番木瓜种植面积 15 万亩。

一整套法律法规、技术规程、管理体系保障产品安全

廖西元：

转基因技术产生以来，为保障转基因产品安全，国际食品法典委员会、联合国粮农组织、世界卫生组织等制定了一系列转基因生物安全评价标准，成为全球公认的评价准则。依照这些评价准则，各国制定了相应的评价规范和标准。从科学研究上讲，众多国际专业机构对转基因产品的安全性已有权威结论，就是通过批准上市的转基因产品都是安全的。从生产和消费实践看，20 年来，全球转基因作物商业化累计种植面积近 300 亿亩，至今未发现被证实的转基因食品安全事件。因此，经过科学家安全评价、政府严格审批的转基因产品是安全的。

我国按照全球公认的评价准则，借鉴欧美普遍做法，结合我国国情，建立了涵盖 1 个国务院条例、5 个部门规章的法律法规体系，覆盖转基因研究、试验、生产、加工、经营、进口许可审批和产品强制标识等各环节。组建了由 64 名专家、院士等组成的国家农业转基因生物安全委员会、47 位专家组成的全国农业转基因生物安全管理标准化技术委员会、42 个第三方检验测试机构，负责转基因安全评价、标准制定、检验检测。国务院建立了由农业、科技、环保、卫生、质检、食药等 12 个部门组成的农业转基因生物安全管理部际联席会议制度，研究、协调农业转基因生物安全管理工作中的重大问题。

农业部设立了农业转基因生物安全管理办公室，负责全国农业转基因生物安全的日常管理工作；县级以上农业行政主管部门负责本行政区域转基因安全监督管理工作。我们已经形成了一整套适合我国国情并与国际接轨的法律法规、技术规程和管理体系，为我国农业转基因安全管理提供了有力

保障。

农业部认真贯彻落实中共中央、国务院关于农业转基因工作的战略部署，按照《种子法》《农业转基因生物安全管理条例》等法律规定，严格监管。一是我们每年专题研究和部署转基因监管工作，要求严把研发试验关、品种审定关、生产流通关，有效防范转基因育种材料、转基因品种和转基因种子非法扩散。二是加强联合督导，在春耕备耕、秋收冬种、购种销种关键时节，对制种基地和种子生产基地等重点区域开展拉网式排查，对近年发现有问题及被举报的种子企业、经营门店和乡村经销点全覆盖抽检，重点市县分组包片，严防非法转基因种子落地。三是严肃查处违法种植，发现一起，查处一起。近期，我们还将对转基因作物监管工作作出进一步部署和安排。

国家对转基因政策没有调整，"十三五"将聚焦三大战略重点

光明日报记者：

我国实施重大转基因专项已经 8 年，据了解还没有成果在生产上应用，请问是不是国家在转基因政策方面作出了调整？

廖西元：

第一，国家对转基因政策没有调整。转基因是一项高技术、新产业，具有广阔的发展前景。中国作为农业生产大国，必须在转基因技术上占有一席之地。关于转基因技术发展的政策是明确的、一贯的，我们将继续坚持自主创新、确保安全、依法管理。

第二，转基因重大专项取得了显著成效。一是自主创新能力显著提升，基因克隆技术已经达到世界先进水平，克隆了 137 个重要基因，获得了专利 1 036 项，专利总数仅次于美国，居世界第二位。在国际上率先将基因编辑技术应用于水稻、小麦等作物育种。创新了基因删除、定点重组等安全转基因技术。二是产品研发和产业化能力稳步提高。培育出一批抗虫水稻、抗虫玉米、抗除草剂大豆新品系，育成新型转基因抗虫棉新品种 147 个。减少农药使用 40 万吨，增收节支社会经济效益 450 亿元。三是安全保障能力显著增强。布局建设了转基因生物安全评价和检测监测技术平台，研制了一批转

基因生物安全评价和检测监测新技术、方法、标准。形成了稳定的人才队伍，构建了完善的转基因生物及产品安全评价和监测检测技术体系，完全有能力确保转基因产品研发和产业化安全。

第三，"十三五"期间我们将进一步聚焦战略重点。一是以核心技术为主的抢占科技制高点战略。就是要瞄准国际前沿和重大产业需求，克隆具有自主知识产权和有育种价值的新基因。二是以经济作物和原料作物为主的产业化战略，加强棉花、玉米品种研发力度，推进新型转基因抗虫棉、抗虫玉米等重大产品的产业化进程。三是以口粮作物为主的技术储备战略，要保持抗虫水稻、抗旱小麦等粮食作物转基因品种的研发力度，保持转基因水稻新品种研发的国际领先地位。

转基因安全不安全有明确权威结论，
经过安全性评价的转基因食品等同于传统食品

中央电视台农业节目记者：

关于转基因到底安全不安全，社会上一直有不同的声音，社会公众也十分关心。请问转基因到底安全不安全呢？

吴孔明：

我想明确地告诉大家，转基因安全不安全有明确的权威结论。转基因作为一项技术是中性的，这个中性的技术研发出来的产品，需要对它进行一系列的安全性评价。只有经过安全性评价的转基因产品才能上市，上市的转基因食品的安全性和传统食品是等同的。也就是说，经过安全性评价后审批上市的转基因食品的安全性是有保障的，等同于传统食品。

按照国务院颁布的《农业转基因生物安全管理条例》及相应配套制度的规定，我国实行严格的分阶段评价。从实验室研究阶段就开始进行，到田间小规模的中间试验，再是较大规模的"环境释放"、生产性实验、安全证书申请的评估，共5个阶段，这在国际上也是独一无二的。例如农业部批准的转基因抗虫水稻"华恢1号"和"Bt汕优63"，前后进行了11年的安全性评价，包括一系列的环境安全评价、生态安全评价，还有食品安全评价。我们掌握的标准，除了国际通行的标准以外，还增加了"大鼠三代繁殖试验"和"水稻重金属含量分析"等指标。从这个角度来说，中国的转基因产品安全性评价，不管是从技术标准上，还是从程序上都是世界上最严格的评估体系。

第一，国际上对转基因安全的评价基本上是两种类型。一种是美国模式，针对产品进行评估。不管是转基因技术还是其他技术，都是对研究出来的产品进行评估。一种是欧盟模式，是对过程进行评估，只要是使用转基因技术，都对技术过程进行评估。中国是既对产品又对过程进行评估，从全球来看是最严格的评估体系。

第二，转基因的安全性，是全球普遍关注的问题。从全球的角度，有众多权威科研机构对这些转基因产品进行了大量的研究工作。这些研究工作总体结论也证明已经批准上市的转基因食品是安全的。欧盟委员会历时25年，组织500多个独立科学团体参与130多个科研项目，他们的结论是"生物技术，特别是转基因技术，并不比传统育种技术危险"。世界卫生组织明确认为，"目前尚未显示转基因食品批准国家的广大民众使用转基因食品后对人体健康产生了任何不良影响。"国际科学理事会也明确提出，"现有的转基因食品是可以安全食用的。"英国皇家医学会、美国国家科学院、巴西科学院、中国科学院、印度国家科学院、墨西哥科学院和第三世界科学院联合出版相应的报告，明确指出，可以利用转基因技术生产食品，这些食品更有营养，储存更加稳定，而且原则上因为减少化学农药的使用量，能够更好地促进健康，为工业化和发展中国家的消费者带来更多的好处。

第三，1996年美国最早开始进行转基因玉米和大豆的商业化种植，到现在已经20年，这20年每年转基因农作物的种植面积都在增加，到现在一年的种植面积接近30亿亩。这么长的时间、这么大的消费群体，没有发现一例因食用转基因农产品带来任何健康问题。我们时常说"实践是检验真理的唯一标准"，已经吃了20年，全球几十个国家的民众都有长期食用转基因产品的历史，所以证明它是安全的。

当然，转基因技术是一个新技术，公众对其安全性的认识需要一个过程，所以存在一些疑虑和担心也非常正常。一方面是科学认知的问题，一个新的东西需要一个接受的过程。历史上很多的新事物都经历了这样一个过程，从这一点来看，也非常正常。另一方面，公众对转基因缺乏全面客观的认识。举个例子，目前全球商业化的转基因农产品主要有两类，一类用于害虫防治，一类用于除草剂的利用。大家总是考虑到一个问题，用于害虫防治的能够杀死昆虫，会不会对人体带来影响？从一般公众的角度提出这个问题是非常正常的，因为我们平常对昆虫的防治可能更多的是依靠杀虫剂，大家总觉得杀虫剂可能对人体健康带来很多影响。其实我们谈的杀虫剂有两种类型，一种是化学农药，它对人体、对昆虫的作用机制是一样的，所以化学农药如果使用不好，可能会对食品安全和环境带来负面影响。另外一种是生物农药，比如说引起昆虫得病的一些细菌和病毒。但是这些细菌和病毒只感染昆虫，对人体和其他生物是没有影响的。转基因农作物的抗虫原理就是从这些细菌身上找到对昆虫有毒的蛋白，但是这个蛋白对人体理论上是安全的。我们大家一谈到杀虫就想到化学杀虫剂，就把生物上的杀虫原理和化学混淆，最后怀疑转基因生物的作用会不会产生化学的结果，其实从理论上是非常清楚的，它的作用机制是在人体内没有这种蛋白质发生功能作用的受体，但是这种受体在特有的昆虫体里是有的，这样一来，转基因产品对人和其他动物包括绝大多数昆虫是安全的，但是对我们需要控制的害虫可以发挥生物控制效果。

在我国，随着转基因的应用，出现了非常多的我们认为是不科学的东西，有的也可称为谣言。比如转基因玉米和大豆会导致癌症，转基因玉米导致广西大学生精子活力下降，转基因食品导致不育，欧美人不吃转基因食品，转基因马铃薯致实验大鼠中毒，转基因玉米导致老鼠减少、母猪流产，转基因正成为超过原子弹的杀伤武器。有很多这样那样的不符合实际、也不符合科学的说法，其实这些都是谣言，都是毫无事实依据，也被科学界一一否定了的。我们在转基因问题上还是要科学看待，不信谣、不传谣。这样才能为我们国家转基因技术的发展和高新技术的发展提供一个好的宽松环境。

大多数的转基因大豆在国外消费，四大"前置条件"确保进口转基因大豆安全性

中央人民广播电台记者：

根据农业部的公开信息，去年我国进口了8 169万吨大豆，这里大部分应该都是转基因。我们想关注两个问题：第一，为什么进口量这么大，这些大豆的用途分别是什么？如果是不同的用途，比如用作豆粕或者食用的话，它的安全评价是怎么进行的，这个过程有没有区别？第二，进口大豆的数量，我们简单计算了一下，大概是国内产量的7倍，如果需求这么大的话，为什么国内自己不种呢？

■ 廖西元：

大豆在我国有悠久的使用历史，是非常重要的植物蛋白来源，也是重要的食用油来源。随着经济发展和人民生活水平的提高，我国对大豆的需求不断增加，目前我国进口大豆主要用于两方面：一是饲料豆粕，二是食用豆油。以食用豆油为例，在十几亿人食用油消费量大量增加的背景下，人均年食用油消费量从 20 世纪 80 年代初的 2.6 公斤增加到目前的 22 公斤，在这样的背景下，我国进口大豆是必须的、难免的。

据测算，我国大豆需求量从 1990 年的 1 100 万吨增加到 2015 年的 9 300 万吨。但我国大豆总产量远不能满足国内需求。从 1996 年起，我国成为大豆的净进口国，进口量从当年的 111 万吨持续增加到 2015 年的 8 169 万吨。2015 年的进口量相当于我国要用 6.7 亿亩的耕地才能生产出来，如果都由国内来生产，这是不可想象的，肯定会挤占其他的作物。因此要满足国内大豆消费需求，在发展国内生产的同时，还要靠进口来弥补。

进口转基因大豆是由世界大豆生产贸易决定的。2014 年全球大豆种植面积 16.5 亿亩，其中转基因大豆 13.6 亿亩，约占 82%。中国进口总量占世界贸易量的 70%，但只占世界生产量的 30%。也就是说，大多数的转基因大豆还是在国外消费。全球最大的大豆出口国，美国转基因大豆种植比例为 95%，阿根廷、巴西几乎全部种植转基因大豆。所以在全球大豆贸易中，主要是转基因大豆。大家高度关注安全性，我想告诉大家，转基因大豆是安全的，经过了国内外的安全评价审批，刚才吴院士也跟大家讲过安全评价的过程，我国进口安全审批更加严格，审批决策更为审慎，在安全评价过程中，已充分考虑了已知的各种用途。因此，食用安全性有充分的保障，可以放心食用。凡申请我国进口安全证书，必须满足 4 个前置条件。一是输出国家或者地区已经允许作为相应用途并投放市场。二是输出国家或者地区经过科学试验证明对人类、动植物、微生物和生态环境无害。三是经过我国认定的农业转基因生物技术检验机构检测，确认对人类、动物、微生物和生态环境不存在风险。四是有相应的用途安全管制措施。取得批准进口安全证书后，进口与否，进口多少，由市场决定。

我还想告诉大家，国外人民也吃转基因食物，美国是世界第一大豆生产国、贸易国，大豆年种植面积 5 亿亩左右，产量 1 亿吨左右。美国的出口量是 6 500 万吨左右，国内自用消费 3 500 万吨左右。在美国大豆消费结构中，主要为压榨豆油和作为食品添加剂的大豆蛋白，美国相关的法律规定在国内食品中需添加一定量的植物蛋白。

转基因技术推广路线图：非食用→间接食用→食用

📷 **新华社记者：**

　　我们一方面说转基因技术是安全的，另一方面国内对转基因还是加强监管和限制，听起来好像有点矛盾。去年中央1号文件说，要在确保安全的基础上慎重推广转基因技术，请问农业部对于中国的转基因技术推广有没有一个明确的路线图？

🖌 **廖西元：**

　　首先，我想明确地告诉大家，通过安全评价审批的转基因产品是安全的。

　　第二，推进转基因作物的产业化。一是严格按照法律法规开展安全评价和安全管理，获得生产应用安全证书。二是按照非食用→间接食用→食用的路线图，首先发展非食用的经济作物，其次是饲料作物、加工原料作物，再次是一般食用作物，最后是口粮作物。三是充分考虑产业的需求，重点解决制约我国农业发展的，比如抗病抗虫、节水抗旱、高产优质等瓶颈问题。

　　第三，目前我国批准发放了转基因棉花、番木瓜、水稻、玉米等作物生产应用安全证书，以及大豆、玉米、油菜、棉花、甜菜进口安全证书。虽然我们发放的安全证书在安全性上是有保障的，但在我国商业化种植还需满足以下3个条件。一是进口安全证书的品种还需获得生产应用安全证书。二是主要农作物还需要按《种子法》的规定通过品种审定。当然，即使是非转基因主要农作物的品种，也得通过审定才能种植。三是种子生产经营者还需要经过知识产权权利人的同意才能生产经营。

　　基于我国现有转基因大豆、玉米、水稻研发状况以及产业需求，我们目前还没有批准商业化种植。所以我想强调的是，尽管获得安全证书的品种是安全的，但是私自种植，违反了《种子法》《中华人民共和国专利法》（简称《专利法》）和《农业转基因生物安全管理条例》，我们要严肃依法查处。

网传所谓"转基因识别指南"没有科学依据，系随意编造

经济日报记者：

最近网上流传一首关于转基因识别指南的打油诗，上面说到我国目前的小麦、水稻以及水果和蔬菜中一些品种，蔬菜包括胡萝卜、番茄、土豆、彩椒等，都是转基因食品。并且告诉消费者，不要去购买和食用这些转基因食品。请介绍一下目前市场上哪些是转基因食品，哪些不是？

吴孔明：

目前我国的转基因产品可以分成两类。一类是我们自己种植和生产的，到目前为止我们国家只批准转基因抗虫的棉花和转基因抗病毒的番木瓜两个农作物商业化应用。另外一类是我们从国外进口作为加工原料的，转基因的大豆、转基因的玉米、转基因的油菜、转基因的棉花，但是我们进口的转基因棉花基本上是纤维。还有转基因的甜菜，这几种作物在国外直接加工成产品。所以目前在我们国家市场上流通的转基因的相关产品，就是我们批准种植的和批准进口的这几个作物，其他是没有的。网上传播的，像小麦、水稻、水果、蔬菜（包括番茄、大蒜、洋葱、紫薯、土豆、彩椒、胡萝卜等），其实都不是转基因品种。

转基因小麦可以说在全球也没有商业化。很多年以前伊朗曾经宣布水稻商业化，但其他国家都没有规模化地生产。水果里面，美国抗病毒的李子有过小规模种植，其他从全球来看也没有转基因的品种种植。任何一个农作物的品种，其实在自然界都是多样性地存在。像木薯，我们老家叫红薯，有的地方叫紫薯，有的地方叫白薯，我们家乡种的就是红薯，紫颜色的就没有。可能有人会认为从来没见过的紫色紫薯就是转基因的。市场上销售的西红柿，从小到大，形状是不一样的，颜色是不一样的，其实都是在野生种的基础上经过人工培育而成的，与转基因无关。

其实，任何一种农作物从它自然分布的遗传多样性而言，各种各样的品种都有，但是它是自然存在的，不能因为我们过去没有见过，就把它编成所谓的《转基因的鉴别方法》，这是没有科学依据的。其实转基因的检测，从科学层面上只能通过基因检测，像转基因的抗虫棉花，在抗虫的性状上通过虫子的危害是肉眼可以看到的，真拿出种子，人是看不出来的。例如玉米、

大豆，和常规的一些品种比，外表和颜色上是没有区别的。

从这个角度来看，网上传播的"转基因识别指南"里面很多东西没有科学依据，基本上都是随意编造。这样的东西在网上流传其实是对公众的不负责任，对于相关厂家和产业也会带来不良影响。所以新闻界要把这个事情更多地和公众进行交流、沟通，避免一些错误的言论，尤其是防范在社会上蔓延，误导消费者。

不存在所谓违法滥种转基因作物现象，总体可控

📷 凤凰卫视记者：

　　最近我们看到有一些报道说现在有些转基因的滥种问题，比如湖北有转基因水稻滥种，黑龙江是转基因大豆滥种，辽宁是转基因玉米滥种。不知道农业部有没有收到这样的情况，有没有应对的措施？

🎙 廖西元：

农业部高度重视转基因的监管工作，严格依法监管，严肃查处违法种植转基因作物行为，不存在所谓的滥种现象，总体可控。但个别地区确实存在违法零星种植的情况，对此我们予以严厉打击。湖北省农业厅联合公安部门成立专案组，铲除了非法种植的水稻田块。近年来持续加大执法力度，通过严格执法，在近几年我们组织的例行监测中，湖北基本上没有发现转基因水稻种植。黑龙江省农委也派驻工作组全面排查，未发现非法种植转基因大豆。辽宁省农委联合公安、工商等部门坚决依法查处有关案件，公开了 3 起已经结案的转基因玉米种子违法案件。2015 年我们上下联动，在新疆、甘肃销毁了违法转基因玉米制种田 1 000 多亩，在海南铲除违法转基因玉米100 多亩，所涉转基因材料全部销毁。经过严格执法、严厉查处、严厉打击、公开曝光，有效遏制了转基因作物违规种植。下一步我们将进一步强化转基因生物安全属地管理责任和研发生产经营者的主体责任，抓好下面的一些重点工作。

一是严控研发试验，抓好试验前、试验中、试验后全程管理，做到监管过程有纪录、监管内容有档案、试验材料可追溯。二是严查南繁试验，推行准入制度，实行对南繁单位检测监测全覆盖。三是严把品种审定，发现非法

含有转基因成分的区域品种立即终止试验。未获得转基因生物生产应用安全证书的品种，一律不得进入区域试验和品种审定。四是加强制种基地的监管，发现问题从严从速查处。五是严查种子生产经营销售，下移重心，深入农户，倒查源头，严惩非法生产经营行为。为保证监管工作重点任务的落实，农业部将建立督查、约谈、问责、报告制度，将各省监管工作纳入农业部延伸绩效考核，同时加大案件曝光力度，对结案的违法案件要求各省农业部门及时公布查处结果，对重点案件适时通报查处进展。我们欢迎社会各界监督举报。

第二部分
专家观点

2

万建民院士：打好这场种业翻身仗①

中央经济工作会议提出，要开展种源"卡脖子"技术攻关，立志打一场种业翻身仗。当前，我国种业发展总体情况如何？存在哪些突出短板？如何解决好种子问题，打好这场翻身仗？记者采访了中国农业科学院副院长、中国工程院院士万建民。

发展现代种业，确保国家粮食安全

📷 **记者：**

中央经济工作会议把解决好种子问题提上日程，您是如何理解的？

🎙 **万建民：**

当前和今后一段时期，粮食产需仍将维持紧平衡态势，确保国家粮食安全这根弦一刻也不能放松。

种业是国家粮食安全的核心基础。从需求侧看，随着经济社会发展，人均口粮消费将稳中略降，饲料和工业转化用粮继续增加，粮食消费总量刚性增长，粮食消费结构不断升级。从供给侧看，要解决粮食安全问题，必须提高单位面积生产能力。在有限耕地、水源等资源刚性约束前提下，提高单产主要依靠品种改良。事实上，国际上 50％～60％的粮食单产增长依靠品种。

党的十八大以来，我国种业发展取得明显成效。目前，农作物良种覆盖率在 96％以上，自主选育品种种植面积占比超过 95％。涉外资种子企业占我国种子市场销售总额的 3％左右。农作物种子年进口量约占国内用种总量 0.1％。总体上，我国农业生产用种安全是有保障的，风险是可控的。同时

---

① 本篇文章来源：人民日报，2021 年 1 月 30 日。

也要看到，在一些品种、环节和领域我们还有不少短板和弱项。这些问题不解决，很难适应今后农业农村现代化。比如，对种质资源的保护利用还不够，一些领域育种创新特别是基础原始创新与国际先进水平相比还有差距，玉米、大豆、个别蔬菜品种等竞争力还不强。

具体看，我国水稻和小麦单产在国际上处于领先位置，水稻单产达到世界平均水平的 1.7 倍，小麦单产比国外小麦生产大国水平高 30% 左右，蔬菜自主选育品种种植面积占比 87%。目前，我国玉米和大豆的单产仅是国际先进水平的 2/3，蔬菜品种中耐储番茄、甜椒、胡萝卜、水果黄瓜等少数设施专用品种进口比例较高。

解决好种子问题，既要抓好总量上的安全，也要注重品质上的提升。通过品种改良，进一步提高作物抗病虫能力和单产水平，培育一批优质专用品种，适应市场需求升级，满足人民对美好生活的新要求。

寻求核心技术新突破

记者：

我国种业发展面临哪些短板？

万建民：

总体看，我国种业发展的问题主要体现在以下 3 个方面。

第一，种质资源鉴定和优质基因挖掘还需下大力气。 我国是世界种质资源大国，目前保存种质资源总量突破 52 万份，位居世界第二，但种质资源精准鉴定工作还处于起步阶段，对于抗病、抗虫、高产、优质等性状的精准鉴定不到 1.5 万份，亟待加快从种质资源向优异基因资源转化，提高种质资源的利用率。

第二，种业核心技术创新还待加强。 国际种业发展一般分为 4 个阶段，即驯化选择"1.0 时代"、常规育种"2.0 时代"、分子标记辅助选择育种"3.0 时代"和智能化育种"4.0 时代"。在一些发达国家，种业已进入"生物技术＋人工智能＋大数据信息技术"的育种"4.0 时代"。我国仍处在以杂交选育和分子技术辅助选育为主的"2.0 时代"至"3.0 时代"之间，在基因编辑、合成生物学、全基因组选择、分子设计和人工智能育种等新兴交叉领域技术研发方面短板明显：原始创新能力不足，缺少重大突破性的理论和方法，关键技术与战略性产品研发水平相对较低，国际竞争力优势相对较弱。

第三，种业产业化组织体系有待进一步完善。我国农业比较效益较低，育种研究周期长，企业和社会资本进入种业领域不足，且偏向于"短平快"的研究方向；每年审定的新品种数量多，但突破性品种少。从资源利用、基因挖掘、品种选育到产品研发、推广和应用，尚未形成完整的产业化链条。

因此，为了补齐种业发展短板，我国需要在种业自主基因、自主技术、自主品种创新方面取得新突破，还需要在种子育繁推一体化体系方面构建长效机制。

优化现代种业制度环境

📷 记者：

现代农业立志要打一场种业翻身仗，您认为该从哪些方面着力？

🎙 万建民：

进入新发展阶段，要持续推进种业高质量发展，就要充分发挥体制优势，集中资源力量，开展联合攻关，掌握发展主动权，为守住守好农业这个战略后院筑牢种业根基。

打好这场种业翻身仗，关键要创设保障体系，从资源保护利用、自主创新、做强企业、做优环境等方面着力，不断优化现代种业制度环境。

一要保护和利用好种质资源。这是种子的基础和源头。要加快资源普查和抢救性收集，推动资源登记和交流共享，强化规模化精准鉴定评价，创新开发利用机制，做到应保尽保、有序开发。要加快建成现代化、自动化、智能化的国家新作物种质库，重点培育优质绿色超级稻、优质功能水稻、优质节水小麦、抗赤霉病小麦、耐旱宜机收玉米、抗虫耐除草剂玉米、优质蛋白玉米、高产高蛋白大豆、耐除草剂大豆等重大新品种。

二要强化自主创新。这是实现种业自立自强的关键。要开展种源"卡脖子"技术攻关，持续推进良种联合攻关和遗传改良计划，挖掘真正有用的基因，创制有突破性的种质，实现我国种业科技自立自强。如水稻、小麦，要加快优质专用品种选育，保持竞争力，大豆要加快高产高油高蛋白品种选育。

三要扶持企业做强做优做大。这是提升种业竞争力的根本。要突出企业技术创新主体地位，支持企业建立规模化商业化研发平台和创新联合体，推动资源、人才、资本向企业聚集，扶持优势企业发展，推动提升品种研发、产品开发、产业化应用的全链条现代化水平，实现好品种和好种子的持续产出。

四要强化知识产权保护。这是促进种业持续健康发展的保障。要健全种业知识产权保护的法治环境，严厉打击侵权行为，为创新营造良好环境。

我们相信，通过各方面的不懈努力，一定会解决好种子问题。

吴孔明院士：应科学看待转基因问题①

长期以来，社会各界对转基因是否安全存在诸多争议。但实际上，转基因安不安全是有明确结论的，即转基因作为一项技术来说是中性的，该技术研发出来的产品是需要进行一系列安全性评价的。也就是说，经过安全性评价后审批上市的转基因产品安全是有保障的，等同于传统食品。

按照国务院颁布的《农业转基因生物安全管理条例》及相应配套制度的规定，我国实行严格的分阶段评价政策，大致分为 5 个阶段，这在国际上也是独一无二的。

当前，国际上对转基因安全的评价基本上有两种类型：一是美国模式，即针对研究出来的产品进行评估；二是欧盟模式，即对过程进行评估。我国既对产品又对过程进行评估，应该是最严格的评估体系。

当前，从全球的角度，有众多权威科研机构对转基因产品进行了大量的研究工作。这些研究证明，已经批准上市的转基因食品是安全的。欧盟委员会历时 25 年，组织 500 多个独立科学团体参与了 130 多个科研项目，他们的结论是：生物技术，特别是转基因技术，并不比传统育种技术危险。

世界卫生组织认为，目前尚未显示转基因食品批准国家的民众使用转基因食品后，对健康产生了任何不良影响。国际科学理事会也明确提出，"现有的转基因食品可以安全食用。"

此外，像英国皇家医学会、美国国家科学院、巴西科学院、中国科学院、印度国家科学院、墨西哥科学院和第三世界科学院都联合出版了报告，明确指出可以利用转基因技术生产食品，这些食品更有营养，储存更加稳定，原则上因为减少化学农药的使用量，能给工业化和发展中国家的消费者带来更多好处。

1996 年，美国最早进行转基因玉米和大豆的商业化种植，现在一年种植的面积接近 30 亿亩。这么长的时间、这么大的消费群体，实际上没有发

---

① 本篇文章来源：中国科学报，2016 年 5 月 10 日。

现一例因食用转基因农产品带来的健康问题。

全球几十个国家的民众都有长期食用转基因的历史，而且证明它是安全的。当然，转基因技术是一个新技术，公众对其安全性的认识是有一个过程的，所以存在一些疑虑和担心，也是非常正常的。

应该说，公众对转基因的担忧，一方面是科学认知的问题，新的东西都有一个接受的过程。另一方面，很多人对转基因缺乏全面的客观的认识。在我国，随着转基因技术的应用，产生了非常多的不科学的东西，有的甚至成为谣言。这些传言毫无依据，也被科学界一一否定，但却在网上被反复炒作和流传，因此，新闻界也有必要澄清事实，告诉民众一个科学的结论。

总之，在转基因问题上，我们还是要科学看待，不信谣、不传谣，这样才能为我国转基因技术的发展提供宽松环境。

陈君石院士：获得政府批准的转基因产品就是安全的^①

民以食为天，食以安为先，食品安全是大家一直关注的问题。随着社会、经济的发展，食品种类越来越丰富。同时，新的加工手段、农业技术等不断涌现，人们开始担心"非天然"食品的安全性。

什么是食品安全？据世界卫生组织定义，所谓食品安全问题就是食品当中所含有的有毒有害物质，对人体健康造成损害或者潜在损害的问题。

中国工程院院士陈君石表示，食品当中存在有毒有害物质，这是普遍的，但会不会对消费者健康造成危害，取决于两个因素：有毒有害物质在食品当中含量的高低以及对含有有毒有害物质食品的摄入量。科学家根据有毒有害物质在食品中的含量及人类对该食品的摄入量，作出一系列风险评估，符合国家食品安全标准的就是安全的。

随着农业生物技术的发展应用，转基因食品的安全性成为人们越来越关注的问题，一些人甚至谈"转"色变。

陈君石认为，对转基因感到恐惧很大程度上是因为人们不了解什么是转基因。"人们一听基因就觉得害怕，是转基因这个名字叫坏了，这个名字现在世界上只有中国有，刚刚研究开发的时候是有这个名字的，就是所谓的转基因（transgenic）大豆，现在国际的通用名字是生物技术生产的食物。"

对于转基因技术安全性问题，陈君石提到，关键是怎么使用，同样一个技术，可以产生不安全的因素。"譬如说外来的基因，有过敏原在里面，能引起人食物过敏。本来这个水稻是不过敏的，现在转了一个过敏的基因进去，那会发生过敏。需要经过一系列安全评价、检测、试验去证明它是安全的。获得政府批准的转基因产品就是安全的。国际上的权威机构联合国粮农组织、世界卫生组织以及北美洲、欧洲的权威学术都认为，经过严格评价程序，获得政府批准上市的转基因产品是安全的。"

---

① 本篇文章来源：中国科普网，2020年1月8日。

"我们的消化系统是不会区分转基因食品和非转基因食品的，来了就消化吸收，不管是猪的基因、鸡的基因还是转基因的基因，都一律消化。"陈君石说。

为保证转基因产品的安全性，我国制定了一系列转基因管理办法。根据国际食品法典委员会制定的《重组 DNA 植物及其食品安全性评价指南》、我国颁布的《农业转基因生物安全管理条例》及配套的《农业转基因生物安全评价管理办法》规定，我国转基因生物研究与应用要经过规范严谨的评价程序。食用安全主要评价基因及表达产物在可能的毒性、过敏性、营养成分、抗营养成分等方面是否符合法律法规和标准的要求，是否会带来安全风险。

关于转基因食品为何不进行人体实验，陈君石解释道，我国对于食品添加剂、农药残留、兽药残留、真菌毒素、新食品原料等从未做过人体实验。整个转基因食品评价过程其实已经是过度评价，无需再做更多的评价。

许智宏院士：我国转基因
生物产业化亟待突破^①

2020 年底举行的中央经济工作会议指出，要尊重科学、严格监管，有序推进生物育种产业化应用。要开展种源"卡脖子"技术攻关，立志打一场种业翻身仗。

不久前，农业农村部办公厅发布《关于鼓励农业转基因生物原始创新和规范生物材料转移转让转育的通知》（以下简称《通知》），在农业科研和产业领域引起了广泛关注。

《通知》的发布，体现了中央对我国种业发展的高度重视，对"生物育种创新在塑造农业科技竞争新优势中的核心作用"的肯定，以及对打赢种业翻身仗的期望。

当前，我国主要农作物功能基因组研究已达到国际先进水平，其中水稻功能基因组研究达到国际领先水平，作物生物育种技术的研发已取得不少成果，但我国转基因生物的产业化亟待突破。

我国种业与发达国家差距不小

品种是保障粮食安全的基础。根据联合国粮农组织的资料，粮食总产增长的 80％依赖单产提高，单产提高的 60％～80％源于良种贡献。"十三五"结束时，我国品种对粮食增产的贡献率也已达 50％。

近年来，我国虽然在种业科技创新方面有了很大的进步，但与发达国家相比还有不小差距。

国际种业是农业产业争夺的重要阵地。大型跨国公司垄断种业市场，前十大种业公司占全球种业市场 2 100 亿元份额的 75％以上。

这些国际种业公司大规模采用了现代生物技术育种。所谓的现代生物技术育种，是结合传统的杂交育种，或以优良品种为基础，利用基因组信息、

---

① 本篇文章来源：中国科学报，2021 年 3 月 18 日。

基因操作技术、合成生物学技术等，加速育种进程，以达到精准育种的目的，创制满足不同需求的作物品种。

国际种业巨头正采用现代信息技术开展数字育种，并将产品延伸到大数据支持下的农业决策领域。大型跨国公司新品种培育的主要研发工作正在从传统的大田转移到室内，并向数字高通量监测和数字管理跨越。研发人员有更多时间选配更多的亲本进行杂交，杂交后代、优选品系的群体得以大为扩展，从而大大提高最终选择到具有特定性状和竞争优势的品种的概率。

即使是在传统育种领域，由于大量现代测试设备的使用，科学家已经可以跟踪杂交群体中某个单株的表型，包括特定的生理生化性状等，再结合大数据分析。现代生物技术能极大加快选育过程和效率。

现代种业就是要营造一种产学研、上中下游紧密结合的模式，鼓励原始创新，支持高水平研究，避免一哄而上、低水平重复，这样才能从体制上确保现代生物工程育种产业的发展，切实有效发挥投入资金的效果。

为此，种业必须创新，以跟上农业现代化的步伐。

功能基因组研究已进入国际先进水平

《通知》第一条强调，鼓励原始创新，支持高水平研究。实际上，我国政府正式支持生物技术始于 1987 年开始实施的国家高技术研究发展计划（"863 计划"）。"863 计划"在生物技术领域中便有农业生物技术专项，支持基因克隆和转基因技术，并很快就在转基因抗虫棉上取得成功。

"863 计划"和随后在 1997 年启动的国家重点基础研究发展计划（"973 计划"）在农业领域中支持的多项农业生物功能基因组相关研究，为我国 2008 年启动的转基因生物新品种培育重大专项（以下简称转基因重大专项）与转基因生物相关的基础研究和技术研发打下了基础。

十几年来，转基因重大专项以 5 种作物（水稻、小麦、玉米、大豆、棉花）和 3 种家畜（猪、牛、羊）为重点，培育了一批有重大价值的转基因新品种。其中，转基因棉花产业化稳步推进，已育成抗虫棉新品种 197 个，累计推广 5.1 亿亩，国产抗虫棉市场份额达到 99%，减少农药使用 65 万吨，直接带动新增产值累计 650 亿元。国产抗虫棉已在吉尔吉斯斯坦等国推广种植。

我国科学家已育成一批具有产业化前景的重大产品：抗虫转基因水稻中有 2 个已获得安全应用证书，其中"华恢 1 号"及其衍生品已获得美国上市许可；抗虫、耐除草剂玉米中已有 3 个获得生产安全应用证书，转育的 53 个玉米品种达到国家审定标准，适用地区覆盖东北、黄淮海主产区；耐除草剂大豆中已有 2 个获得生产安全应用证书，1 个获准在阿根廷商业化种植；经过多年研发，转人血清白蛋白的转基因水稻新品系已进入生产性试验，建立了年产 1 吨人血清白蛋白的工艺流程，产品已获临床批件。此外，抗旱和氮高效玉米、抗旱小麦、抗虫大豆、优质棉、抗乳腺炎奶牛、抗蓝耳病猪等转基因产品，也成为未来产业化的品种储备。

通过转基因重大专项的实施，转基因生物新品种研发技术体系得到进一步完善，获得一批有重大育种价值的基因，并用于育种。

例如，克隆广谱抗稻瘟病基因 $Pigm$，培育出抗稻瘟病新品种，已审定新品种 6 个，推广 2 000 多万亩。由水稻理想株型基因 $IPA1$，育成"嘉优中科 1 号""嘉优中科 2 号""嘉优中科 3 号"等新品种，实现亩产 800 公斤，最高亩产可达 900 公斤以上。不少基因也用于改良作物的营养品质。

在转基因技术研究方面，主要农作物遗传转化效率得到大幅提高，其中水稻和棉花体系达到国际领先水平，明显缩短了与发达国家的差距。农作物的精准基因编辑技术有了很快的发展。主要农作物功能基因组研究已达到国际先进水平，其中水稻功能基因组研究国际领先。

那些已经获得生产应用安全证书的农业转基因生物是生物工程育种研发中的宝贵财富，也是对参与研发的科技人员工作的认可和鼓励。

问题是如何根据市场需求使这一阶段的成果实现有序产业化，如《通知》所述，鼓励已获得生产应用安全证书的农业转基因生物向优良品种转育。过去经验已经证明，我国在转基因抗虫棉的推广应用过程中，由优良品种转育材料育成的一大批抗虫棉品种，发挥了极大的作用。

企业亟待发挥主导作用

根据国际农业生物技术应用服务组织的报告，全球转基因作物种植面积已从 1996 年的 170 万公顷增加到 2019 年的 1.904 亿公顷，增长了约 112 倍。

在转基因作物商业化的 24 年间，全球累计种植面积超过 27 亿公顷，集中在大豆、玉米、棉花、油菜四大作物。转基因大豆是最主要的转基因作物，种植面积占全球转基因作物种植面积的 48%。按单种作物种植面积计算，全球 79% 棉花、74% 大豆、31% 玉米和 27% 油菜，是生物技术育种的品种。除了前述的四大作物外，已批准进行商业化生产的作物还有苜蓿、甜菜、甘蔗、番木瓜、红花、土豆、茄子以及少量的南瓜、苹果和菠萝。

美国已批准 18 种转基因生物的商业化生产。2019 年全球批准转基因作物种植的国家和地区有 29 个，批准进口转基因作物产品的国家和地区有 42 个。种植最多的国家依次是美国、巴西、阿根廷、印度、加拿大、巴基斯坦，中国排名第七，而之前中国一度曾排名第二。前 5 个国家种植了全球 91% 的转基因作物。

我国转基因生物的产业化亟待突破。我国主要作物中，至今仅转基因棉花实现了产业化，另有少量转基因番木瓜的商业化种植。

影响产业化的因素，除了公众的科学认知和由此造成的市场接受度等社会因素之外，还有关键核心技术原创不足、生物技术产业化政策研究滞后、现代创新型种业企业和资本市场尚不成熟等。

《通知》强调，落实企业在农业转基因生物推广应用中的主体地位，支持企业组建创新联合体，促进创新资源互融互促。引导院所高校的优质农业转基因研发成果按照市场机制向企业集聚。推进转基因研发科企合作，鼓励企业、企业与院所高校联合申报生产应用安全证书，让企业真正成为研发、应用和贸易的主体力量。

转基因重大专项坚持产业和产品导向，这就要求企业在转基因作物产业化中起主导作用。然而，我国传统种业公司普遍规模较小，且多数是以销售种子为主业，缺乏研发投入，很难主动寻求与研发机构对接，不能适应现代生物育种技术的应用及产品推广。

而我国研发工作主要集中于科研单位和高校，研发经费主要来自政府，加上评估体制上的问题，导致部分研发机构追求小而全、自成体系，缺乏与企业合作的动力。

这是导致我国种业与跨国种业公司主导的种业创新之间差距的一个因素。随着我国一部分农业企业快速成长，我相信这种状况会发生改变。

生物安全监管有技术保障

《通知》对转基因生物安全非常重视。历年来，我国已颁布《中华人民共和国生物安全法》（简称《生物安全法》）《种子法》《农业转基因生物安全管理条例》《农业转基因生物安全评价管理办法》《农业转基因生物标识管理办法》《农业转基因生物进口安全管理条例》等法律法规，建立起完整的转基因育种生物安全保障体系。农业转基因生物安全管理的关键在切实落实研发单位的责任，将生物安全管理落实到研发实施的全过程。

《通知》将转移转让转育报告纳入农业转基因生物安全评价中安全管理措施审查范围，这是针对在农业转基因生物材料转移转让转育过程中的新情况作出的规定，旨在规范研发单位和人员的行为。

如《通知》所述，这是根据已颁布的法律法规进一步促进和规范农业转基因生物研发应用相关活动的措施，或者说是对已有法律法规的补充。所有相关研发人员都应自觉遵守这些法律法规。这也是从事这方面工作的研发单位和企业以及所有涉及的研发人员的社会责任所在。

为切实加强生物安全督导检查、对产品进行科学准确而高效的安全检查，我国获准的第三方检测机构，除了常规的基因及其产物检测外，还开发了全基因组扫描分子特征分析技术、转基因生物高通量和可视化检测技术、非靶标生物安全评价技术、基因漂移评估与控制技术、生物毒理学安全评价技术、生物致敏性安全评价技术等专门的检测技术，以确保通过检测的产品的生物安全和环境安全。

应为新技术营造良好的科研氛围

现代育种已进入精准设计育种阶段，即可以由选择的底盘品种，通过精准设计与创造，培育出设计型品种，来满足人类各种不同的需求。

人类在对野生植物驯化、选育的过程中，也让野生植物原有的一些优良性状丢失了，如对特定病虫害的抗性、对恶劣环境的抗性、特定的风味等。通过重新设计与快速驯化，有可能加速获得具有丢失的优良性状的新驯化种。

最近，中国科学院院士李家洋团队联合国内外科学家在《细胞》上发表的研究报告，通过组装异源四倍体高秆野生稻的基因组，绘制了异源四倍体野生稻从头驯化的"蓝图"。由此可见，现代生物育种技术创新在农业科技竞争中的核心作用。

值得注意的是，在现代生物育种技术发展中，基因编辑、合成生物学发挥了很大的作用。未来的生物育种技术将孕育出一大批基因编辑作物、全基因组选择作物、多基因设计作物。

例如，合成生物学的理念和技术，不仅能用于育种，而且将使很多植物重要但量小的有用成分，通过微生物来生产。比如合成具有药理作用的稀有人参皂苷的基因，可在酵母中使之高表达，用发酵来生产人参的稀有皂苷。又如，中国科学家培育了世界上第一株用 CRISPR 技术获得的基因编辑植物，并率先开展农作物复杂基因组编辑研究。

至今，中国在全球农业基因编辑的知识产权、专利数量和竞争力方面有明显的优势。

政府应在政策层面，营造良好的研发环境氛围。同时，政府应继续增加研发投入，特别是对相关的基础研究和突破性技术研发的稳定支持，也要鼓励企业加大对研发的投入。

问题在于，至今我国尚未建立基因编辑植物的监管法规，基因编辑植物也未能商业化生产。自 2016 年以来，我国科学家已多次在不同场合提出基于科学的基因编辑作物的监管政策建议，其基调是在基因编辑作物及其产品中，对没有外源基因的产品要放活；对有非植物来源的外源基因的基因编辑产品，则按照转基因植物管理办法进行监管。

对这类发展极为迅速的高新技术，希望政府主管部门高度重视，及时制定相应的监管法规，以促进技术的进一步发展完善及其产业化应用。

康乐院士：回应公众关心的
5 个转基因问题①

问题一：吃转基因食品安全吗？

转基因食品主要来自人类通过遗传修饰的动植物。转基因食品的安全性主要取决于转的是什么基因，转基因动植物及其产品是否经过了严格和科学的食用安全性、环境安全性检验以及国家相关部门的批准。如果上述 3 个问题是明确的，那么就是安全的。

基因就是带有遗传信息的 DNA 片段，任何生物都包含海量的基因。人体内除了自己的基因外，还有更大量的共生微生物的基因。就农作物而言，主要的转基因的改良性状是抗病、抗虫性状和耐除草剂性状。这些基因及其编码的蛋白和酶，对农作物而言是外源的，但是在自然界中是天然存在的。人类在发展和进化过程中都曾经接触过。例如，抗草甘膦基因为天然存在于某些特定物种中的拮抗除草剂草甘膦的基因，天然含有该基因的物种有青麻、长芒苋、黑麦草以及某些真菌种类。因此，不要一谈转基因就色变。植物的基因组非常庞大，仅编码基因就有 2 万多个，非编码基因数量更多。转基因作物所涉及的基因数量与作物自有的基因数量相比微不足道。

人类从诞生那天开始，就食用包含海量的外源基因和蛋白的食物。人类食用的粮食作物、西红柿、黄瓜、鱼类、家禽、畜产品、蘑菇等都含有对人类而言的外源基因。我们长期食用了如此大量的外源基因，对人体产生什么负面影响了吗？有人因此而获得了一些类似动植物的性状了吗？人类拥有强大的消化系统和消化酶系，食用的外源基因和蛋白，经过酶分解成嘌呤和氨基酸，最终被人类利用或被排出体外。

问题二：转基因现在没问题，怎么保证 100 年以后没问题？

经过严格安全性评价的转基因动植物是安全的。在自然界自发的转基因

---

① 本篇文章来源：中国科学院学部科学普及与教育工作委员会二届七次会议上康乐院士的发言。

现象，整个历程早已超过百万年。新科技的发展过程总伴随着争议，但科学探索不会因此停滞不前。中国作为农业大国，在转基因的研究上一定要占有一席之地、坚持自主创新。一定要避免陷入"今天没害，未来不一定没害"的伪命题，从而阻碍科学技术的发展。发展转基因技术绝不是一次冒险的尝试，而是基于极度审慎的科学态度和严谨的实践认证而作出的历史选择，是党中央、国务院作出的重大战略决策。转基因技术产生以来，为保障转基因产品的安全，中国一直没有放松过对转基因技术的监管。

问题三：转基因作物是人工改造的，人们为什么不吃天然的食物？

自然界存在大量转基因现象。根据植物柱头上花粉的量即可推测，不同近缘种植物间自然转基因的规模比人工的规模要大得多。值得注意的是，不是纯天然的食物就是健康的食物，而人工改良的食物就是不安全的。食物是否安全不能以是否纯天然来判断，有许多天然食物是有毒的或者不适合人类食用的。如野生动物中的狍子、岩羊、黄羊等，人类都曾试图驯养过，然而最终都放弃了。如今餐桌上供食用的猪、牛、羊、鸡、鸭、玉米、小麦、水稻等，都是人类从野生生物中选择和培育出来的，它们具备营养、口感、安全、易繁殖等优良特征，是人类最优的食物。

问题四：虫子吃了 *Bt* 转基因水稻会死，人能吃吗？

Bt 蛋白是一类对鳞翅目、双翅目、鞘翅目、膜翅目等昆虫有毒性的杀虫晶体蛋白，主要特征是对特定的物种有毒性，而并非对所有的生物体都有毒性。简而言之，Bt 蛋白并不是对所有的昆虫有效，并且对人、禽、畜无害。人类拥有强大的消化系统，无论是传统食用蛋白质还是外源基因表达的蛋白质都一样可以被人体消化分解。依据现有科学研究推论，转基因所编码的对昆虫有害的 Bt 蛋白，在消化酶的作用下，都会被分解成氨基酸。安全性实验的结果已经证明了这一点。

问题五：现在没有转基因食品，我们也没有挨饿，为什么我们要发展转基因技术？

习近平总书记曾强调："中国人的饭碗任何时候都要牢牢端在自己手上。"以大豆来说，目前美国拥有转基因大豆的先进技术，以更低的成本生产出更优质的大豆，其中一个重要的原因就是转基因农作物节约了农药的使用，使生产成本下降，安全性提升。所以，从价格到品质，我国本土的大豆都没有很强的竞争力。而且，中国每年在农药上的花费比购买国际上最优良的作物种子的支出还多。中国的耕地约占世界耕地的 7%，农药用量却占到世界的 45%，这不是农业可持续发展之路。此外，许多转基因杂交农作物品种都是"无后代种"。如果我们没有自己的转基因农作物品种，我们的农业生产将会受制于人，不发展我们自己的农药产业，同样也不能保证农业生产的安全。

第三部分
理论实践
3

保障粮食安全要抢占
全球种业技术制高点[①]

粮安天下，种铸基石。种子是现代农业的"芯片"，是确保国家粮食安全和农业农村高质量发展的"源头"。习近平总书记就曾指出："农民说，'好儿要好娘，好种多打粮''种地不选种，累死落个空'。要下决心把民族种业搞上去，抓紧培育具有自主知识产权的优良品种，从源头上保障国家粮食安全。"

我国现代种业发展面临的严峻挑战

国际种业市场巨头垄断加剧。全球种业正经历新一轮科技革命，国际种业巨头强强联合，抱团发展，掀起了新一轮重组浪潮。2015 年 12 月美国最大的两家化学公司——陶氏化学和杜邦宣布达成平等合并协议，2016 年德国农业和化工巨头拜耳以 660 亿美元收购美国推广转基因作物的孟山都公司，2016 年瑞士农化巨头先正达被中国化工集团花费 400 多亿美元收购。在并购浪潮背后，以种子与农化巨头强强联合为特征的金融导向越来越明显，从种业内并购向行业间整合转变，国际种子企业巨头的全球布局呈现快速扩张趋势。

全球种业"一体化"步伐加快。国际种业市场以史无前例的速度走向"一体化"，大型跨国企业既占据欧美发达国家主流市场，又渗透到亚洲、非洲等发展中国家市场，并从传统跨国公司快速转型为新型商业机构，成为诸如陶氏先锋、拜耳孟山都等全球资源整合型企业。美国的 ADM、邦吉（Bunge）、嘉吉（Cargill）和法国路易·达孚（Louis Dreyfus）作为国际四大跨国粮商，凭借资本优势和市场经验，在一定程度上获得了对上游原料与期货、中游生产加工与品牌、下游市场渠道与供应的控制权，在全球前十大谷物出口国中占据 9 个。

---

① 本篇文章作者：王向阳，中国财政科学研究院研究员。来源：人民论坛，2020 年 8 月。

生物育种技术制高点争抢激烈。研究表明，以"生物技术＋信息化"为特征的第四次种业科技革命，在推动种业研发、生产、经营以及管理等方面产生了深刻变革，现代种业的竞争优势已转向研究方式的集约化、规模化以及生物技术的产业化。主要表现为一方面集生物技术、智能化、数字化以及信息化技术为一体的种业跨国集团成功实现了良种的"量身订制"；另一方面基于基因修饰技术的定向改良育种取得重大突破。

我国民族种业主权遭受威胁。调研显示，少数国际种业巨头试图控制我国种业市场，当前包括全球种业前十强在内的 70 多家国际种子企业涌入我国。其中，美国先锋公司 20 余个玉米品种覆盖我国东北地区、黄淮海地区，而且这些地区还是我国粮食重要的主产区；山东寿光种植的蔬菜大部分使用的是"洋种子"，本地茄子、辣椒、西红柿等品种被挤出市场；大豆进口占国内消费总量的 80％；转基因、基因修饰等前沿核心技术掌握在欧美发达国家手里，这对我国种业安全构成了一定的威胁。

现代农业用种需求趋向多元。集绿色安全、优质专用、广适高产、轻简高效于一体的品种相对比较稀缺，无法适应居民消费升级、市场多元化的需求、农业综合效益提升以及可持续发展的要求。绿色发展理念迫切要求种业发展由产量数量型向绿色效益型转变、由资源驱动型向创新驱动型转变，加快培育抗病抗逆、节水省肥、轻简高效的资源节约型品种。农业供给侧改革也要求由增产导向转变为提质导向，由注重粮食作物向粮、经、饲作物并重尤其是特色作物转变，做好"特"字文章，打造"金字招牌"。坚守粮食安全底线，确保谷物基本自给和口粮绝对安全，要求将种子紧紧攥在自己手里，中国粮主要用中国种。

加快构建国家现代种业体系

党中央、国务院高度重视现代种业发展，在种子管理法律法规、种业科技创新与管理体制改革、现代种业提升工程以及农业种质资源保护与利用等方面实施了一系列支持政策，为我国现代种业高质量发展夯实了基础。

2011 年，国务院印发《国务院关于加快推进现代农作物种业发展的意见》，该文件以科技创新体制、管理体制改革为核心内容，并明确了"农作物种业是国家战略性、基础性核心产业"的定位，构建了以企业为主体的商业化育种新机制，推动了科研单位的基础性公益性研究。权益比例改革、良种联合攻关、品种绿色通道等政策不断落地。

自 2016 年实施新颁布的《中华人民共和国种子法》以来，我国对植物新品种保护上升到法律层面，推动了种业顶层制度设计进一步完善，种业法律法规的进一步健全，营商环境的进一步优化，而且正在加快步伐构建国家现代种业体系。

2018 年，现代种业提升工程围绕种植业、畜牧业、渔业三大产业进行布局，投资聚焦育种创新、资源保护、种子基地、品种检测等领域，现代种业发展基础稳步夯实。2018 年 8 月，财政部、农业农村部等部门共同印发了《关于将三大粮食作物制种纳入中央财政农业保险保险费补贴目录有关事项的通知》，支持现代种业发展。

2019 年 12 月，国务院办公厅印发《关于加强农业种质资源保护与利用的意见》（简称《意见》），《意见》提出，开展系统收集保护，实现应保尽保；强化鉴定评价，提高利用效率；建立健全保护体系，提升保护能力；推进开发利用，提升种业竞争力；完善政策支持，强化基础保障；加强组织领导，落实管理责任。

多措并举抢占全球种业技术制高点

第一，全方位实施国家种子安全战略。从国家战略层面聚焦我国种质资源保护和研究，进行长期稳定投入。加强国家间的农作物种业合作交流，通过多种方式培养和引进国际一流育种专家，加大对种质资源保护和引进力度。同时在国家层面加强对玉米、大豆等转基因技术影响的综合评价以及加快相关育种步伐，打破跨国公司垄断转基因种子的局面。打好财政、税收、金融等政策组合拳，全力打造我国种业"航空母舰"集群。

第二，加大对现代种业的科研投入和科技创新力度。加大基础科研投入，围绕国家重点农业科技创新实验室，推进农业科技创新，推动增产增效、防灾减灾和现代育种等重大技术研发，尽快取得新的突破。通过项目合作促进区域间、行业间现代种业科技企业联合攻关，尤其是要强化现代种业企业科技创新主体地位；通过现代种业科技企业的广泛参与，不断增强现代种业科技创新活力。在育种结构上，科技攻关要聚焦三大主粮（水稻、玉米、小麦），加快选育抗灾强及产量高的新品系，同时保证种子专利的合理收益。

第三，加快实施现代种业提升工程。按照《现代种业提升工程建设规划》，聚焦育种创新、资源保护、良种繁育、测试评价等，进一步加快工程建设，在种业自主创新、良种综合生产、种质资源保护与利用等领域取得重大突破。

第四，营造稳定的种业市场环境。突出发展现代化种业，构建强有力的种业知识产权保护体系。种子企业的健康发展需要稳定的市场环境，需要构建统一、高效的农作物种业监管、执法体系。此外，政府还应加强对国内种子的市场监管力度，提高国外种子的准入门槛和技术壁垒。

第五，建设国家生物种业技术创新中心。以生物育种前沿技术为主攻方向，在全国分区域打造一批创新资源集聚、组织运行开放、治理结构多元的生物技术创新中心，涵盖国家种业安全战略发展中心、"一带一路"种业技术转移转化中心、国际生物种业技术交流中心等分中心，构建基因修饰、生物合成、智能化育种核心技术集成体系，推动种质创制、品种培育、技术创新能力全面提升，创制一批战略性重大新基因、新材料、新品系。

第六，建设国家现代种业产业园和国际种业大数据中心。在全国种质资源优势区域试点建设"一中枢、两平台、三基地"。"一中枢"即企业总部基地中枢，"两平台"为国家分子育种研发平台和质量检测管控平台，"三基地"是种业原始创新基地、加工与出口贸易基地、育繁推服一体化示范基地。引进一批企业总部，培育一批产值过亿种企，推动优势企业"走出去"，打造人才向往与企业青睐的现代种业投资创业园区、引领全球的原始创新现代种业园区以及具有影响力的国际现代种业交流合作园区。同时，充分依靠试点地区在全国计算机领域的优势，建立国际种业大数据中心，在表型数据处理、育种技术创新以及种业市场分析等方面建成国际一流的种业大数据中心。

我国转基因作物育种发展回顾与思考①

以转基因技术为核心的生物技术的兴起是现代农业科学领域最伟大的事件。其中，转基因植物（又称遗传修饰植物）问世已超过 30 年，实现规模化应用也已近 20 年，转基因作物种类、种植面积、加工食物种类和应用人群迅速扩大。据国际农业生物技术应用服务组织（ISAAA）统计，2014 年全球转基因作物种植面积已达到 1.815 亿公顷，与产业化发展之初的 1996 年相比，19 年间面积增长了 106 倍，堪称农业科技发展史上的奇迹。转基因生物育种已成为新的农业科技革命的强大动力和科技创新的重要方向，其扩大应用已成为科学发展的必然。

一、我国转基因作物育种的发展历程

1. "863 计划"开辟转基因育种新天地

我国转基因作物育种研究始于 20 世纪 80 年代。当时，世界新技术革命大潮汹涌澎湃，分子生物学和生物技术方兴未艾。1983 年世界首例转基因植物——转基因烟草的问世，在我国生物和农业科技界激起巨大反响，许多人为植物分子生物学和农业转基因技术所吸引，纷纷投身这一充满挑战，也充满希望的研究领域。1986 年，我国改革开放的总设计师邓小平亲自批准组织实施国家高技术研究发展规划"863 计划"，并发出"发展高科技，实现产业化"的号召。他还精辟指出："将来农业问题的出路，最终要由生物工程来解决，要靠尖端技术。"在"863 计划"的召唤下，许多满怀报国激情、学有所成的农业和生物学者争相回国，并带动越来越多的青年才俊艰苦创业、奋力开拓，我国转基因作物育种研究从此破土而出，并迅速成为现代农业科技发展的前沿。

"863 计划"实施之初就将生物技术领域列为高技术七大领域之首。生

---

① 本篇文章作者：黄大昉，中国农业科学院生物技术研究所研究员。来源：生物工程学报，2015 年 6 月 25 日。

物领域下设 3 个主题,在第一主题(101 主题)的 6 个项目中,转基因植物为第一项目(代号 101 - 01)。后来,抗虫棉花等转基因作物育种又被列为生物领域重大关键技术和成果转化项目(代号 Z17)。

2. 转基因育种风生水起初显成效

由于在植物细胞生物学和组织培养方面有许多工作积累并能抓住新的发展机遇从高起点切入,我国转基因植物研究很快在基因克隆、植物遗传转化等关键技术上取得突破。1990 年以后转乙烯形成酶 *EFE* 反义基因的耐储藏番茄(华中农业大学研发)、转黄瓜花叶病毒外壳蛋白基因(*CMV - CP*)的抗病毒番茄和甜椒(北京大学研发)、转查尔酮合酶基因(*CHS*)改变花色的矮牵牛(北京大学研发)、抗虫转基因烟草(中国科学院微生物研究所研发)等一批转基因植物接连问世。其中,转烟草花叶病毒外壳蛋白基因(*TMV - CP*)、转黄瓜花叶病毒外壳蛋白基因(*CMV - CP*)及卫星 RNA 的抗病毒烟草(北京大学、中国科学院微生物研究所分别研发)迅速从实验室走向田间,一度成为世界上种植规模最大的转基因作物。这一时期研究活跃、进展迅速,虽然番茄、甜椒和矮牵牛等转基因植物后来未能同育种技术深度结合而走向市场,但重要的是这些阶段性成果显示了农业生物技术发展的巨大潜力,也反映出中国科学家的智慧和活力,为国内转基因育种产业以后的发展奠定了良好的基础。

3. 转基因抗虫棉在激烈的国际竞争中走向产业化

随着试验研究不断积累和深入,"863 计划"的目标从最初的跟踪模仿迅速转向自主创新和跨越发展。拥有自主知识产权的转 *Bt - Cry1A* 和 *CpT1* 基因抗虫棉(中国农业科学院生物技术研究所研发)于 1997 年获得安全证书并率先实现产业化,成为我国独立发展转基因育种,打破跨国公司垄断,抢占国际生物技术制高点的成功事例,是整个"863 计划"生物领域的一大亮点。截至 2012 年底,我国转基因棉花种植率已达 95%,河北、山东、河南、安徽等植棉大省已达 100%。受益农民总数超过 1 000 万,棉农累计增收超过 939 亿元,仅 2012 年就超过 135 亿元。抗虫棉的应用不仅挽救了岌岌可危的棉花生产,而且大大减轻了棉铃虫对玉米、大豆等作物的危害,总受益面积达 2 200 万公顷;由于棉花杀虫剂用量降低了 70%~80%,我国农业生态环境得到显著改善。抗虫棉不仅在国内占有绝对优势,而且技术出口印度、巴基斯坦等国,在国际生物育种领域争得了一席之地。

抗虫棉的成功也有力促进了国内转基因育种领域的拓展。转 *Xa21* 基因抗白叶枯病水稻（中国农业科学院生物技术研究所研发）、转 *Bt-CrylA* 和 *Bt＋SCK* 基因抗虫水稻（华中农业大学、中国科学院遗传研究所分别研发）、转 *PRSV* 复制酶基因抗病毒病番木瓜（华南农业大学研发）、转 *Bt-CrylAc* 基因抗虫欧洲黑杨（中国林业科学研究院与中国科学院微生物所合作研发）等自主研发成果相继推出，标志着中国农业生物技术研究开始向国际前沿挺进。

4. 安全管理为转基因育种提供有力保障

我国是较早实施转基因生物安全管理的国家之一。早在 1993 年，国家科学技术委员会就颁布了《基因工程安全管理办法》；1996 年，农业部制定并实施《农业生物基因工程安全管理实施办法》；2001 年，国务院制定并实施《农业转基因生物安全管理条例》。相关部门先后制定了 5 个配套规章和多个评价导则或指南；建立了由农业部主管，共 12 个部门组成的农业转基因生物安全部际联席会议制度；组成了由相关领域专家参加的国家农业转基因生物安全委员会和管理标准化技术委员会。有关法律法规和技术管理规程适合我国国情并与国际接轨，涵盖了转基因研究、试验、加工、经营、进口以及产品标识等各个环节。由于始终坚持科学评估和依法监管，我国转基因试验研究和生产应用从未发生过任何食品安全和环境安全事故。实践证明：转基因育种安全风险完全可控；经过科学评估、依法审批的转基因作物同非转基因作物一样安全。

5. 重大专项给转基因育种创新注入新的活力

进入 21 世纪之后，世界粮食安全形势日趋严峻，进一步推动了农业生物技术研究和产业化进程，全球形成转基因"三 F"作物（即 Fiber 纤维作物、Feed 饲料作物和 Food 粮食作物）的基本格局。除了"863 计划"以外，国家重大基础研究计划（"973 计划"）、战略性新兴产业计划、科技部专项计划等也给予转基因育种更大支持。特别是列为我国中长期科技发展规划 16 个国家科技重大专项之一的"转基因生物新品种培育"于 2008 年实施后，棉花、水稻、玉米、小麦、大豆五大作物实现了转基因育种与常规育种技术的深度结合，自主创新研究快速发展。其中，转 *CrylAb/1Ac* 融合基因的抗虫水稻"华恢 1 号"及杂交种"Bt 汕优 63"（华中农业大学研发）、转植酸酶 *PhyA2* 基因的 BVLA430101 玉米自交系（中国农业科学院生物技术研究所与奥瑞金公司联合研发）于 2009 年获得农业部颁发的安全证书，成为我国转基因育种技术水平全面提升的重要里程碑。随后，在加快抗虫水稻和植酸酶玉米品种选育的同时，拥有自主知识产权的三系杂交和优质抗虫棉、抗虫和抗除草剂转基因玉米、转人血清白蛋白基因水稻、转 $WYMV$ -$Nib8$ 基因抗黄花叶病毒病小麦、转 $DREB$ 基因节水耐旱小麦等一批功能多样、应用潜力巨大的转基因作物成果纷纷展现。此外，水稻、玉米、小麦、大豆规模化遗传转化、转基因生物安全评价、小麦和水稻基因组编辑等关键技术取得新的突破，研究应用达到了国际先进水平。在基因组学研究的有力推动下，重要功能基因发掘研究也取得了显著成效。例如，我国近 5 年鉴定克隆了 165 个 Bt-Cry 基因和 37 个 Bt-Vip 基因，占全世界新登录 BT 杀虫蛋白基因总数的一半以上。水稻抗褐飞虱基因 $Bphl4$、抗稻瘟病基因 $PigM$、抗草甘膦基因 $EPSPS$-$2mg2$、水稻理想株型基因 IPA1、棉花优质纤维基因 $iaaM$ 和 $RRM2$ 等均显示出良好的应用前景，耐旱耐盐、氮磷钾养分高效利用等基因的研究不断深入，为转基因育种下一步发展提供了必要的技术储备。

6. 转基因作物育种自主研发体系基本建成

经过 20 多年的努力，尽管我国转基因育种整体实力与跨国公司还有相当大的差距，但应看到，我国已拥有一支由上万名科技人员组成的研发队伍；初步建成了世界上为数不多的，包括基因发掘、遗传转化、良种培育、产业开发、应用推广以及安全评价等关键环节在内的转基因育种创新和产业开发体系；已拥有抗病虫、抗除草剂、优质抗逆等一大批功能基因及相关核心技术的自主知识产权；棉花、水稻、玉米等作物转基因研究创新能力进一步提升，初步形成了自己的特色和比较优势。此外，创世纪、奥瑞金、大北农、中国种子集团等一批创新型生物育种企业先后诞生并迅速成长，成为我国现代种业发展进步的重要标志。

二、我国转基因作物育种的基本经验

1. 高瞻远瞩，果断决策

现阶段我国高新技术的推进离不开国家的战略决策和政府部门的组织协调。正是基于保障粮食安全和提高科技竞争力的战略需求，我国历届领导人都大力支持包括转基因作物育种在内的农业生物技术的发展。从"863 计划"到"转基因生物新品种培育"国家科技重大专项，这一战略决策始终如一，没有改变。

当年抗虫棉研究上马后仅用不到国外公司一半的研发周期就取得了重大

突破，接踵而来的问题是要不要大力推广应用国产抗虫棉？当时国内有些人并不看好我国独立研制的抗虫棉，迟迟不愿推广这项技术。社会上也有人散布抗虫棉污染环境等谣言，企图阻止转基因技术的发展。美国孟山都公司趁机提出抽取收益60％的"基因专利使用费"等苛刻条件，抢先将国外抗虫棉产品打入植棉大省河北和安徽，迅速控制了当地棉种市场并扬言"三年占领华北，五年占领中国"。就在我国独立开发的第一个大宗转基因产品——抗虫棉生死存亡的关键时刻，时任国务院总理朱镕基亲临中国农业科学院生物技术研究所，与从事抗虫棉研发的科技人员亲切会见，发出了加快推广国产抗虫棉的号召，终于使我国抗虫棉跨入了产业化发展的快车道，仅用5年时间就实现了市场占有率的逆转。

2. 勇于创新，敢于竞争

"创新是民族进步的灵魂，是国家兴旺发达的不竭动力"。在转基因作物育种发展过程中，科技人员对这句话有深刻体会。面对农业生产的重大需求和技术市场国际竞争的巨大压力，我们痛切感到，转基因核心技术和成果买不来更要不来，唯有横下一条心，立足自主创新，敢于参与国际竞争。

抗虫棉之所以能5年取得技术突破、10年覆盖全国市场，靠的正是一种顶天立地、敢为人先的拼搏精神和一丝不苟、务实求新的科学态度。转基因生物新品种培育重大专项实施6年，由于重视创新人才的引进和培养、大力支持自主创新、着力推进上游研究与下游品种选育紧密结合，目前已获得一大批可用于生产的棉花、水稻、玉米、大豆和小麦转基因育种材料。虽然由于产业发展政策方面的原因，许多成果目前未能推广应用，但这些产品的安全性评价已有明确结论，其技术创新水平和育种潜力已充分显现。只要有坚定的决心、充分的自信和正确的指挥，不失时机地推动产业发展，我们不仅能够与国外公司抗衡，而且有望争得发展先机，抢占技术制高点，促进转基因育种科研水平的进一步提升。

3. 科学管理，体制创新

科学管理和体制创新是转基因育种成功的关键。例如，"863计划"实施之初至2000年曾大胆进行过以专家委员会（组）工作机制为核心的改革探索，明确专家委员会（组）是实施计划技术指挥与行政合一的机构。除科技政策、发展规划、管理制度等重大问题由科技部统一决策外，具体项目则由具有资源调配能力、相对独立的专业性管理机构——中国生物工程发展中心组织和实施。研究课题评审、研究目标确定、技术路线选择、研究进度把握、工作绩效考核、研究经费分配等则放手由同行技术和管理专家组成的领域专家委员会负责与操作。专家委员会成员选拔标准是学风正派、做事公道、不承担研究课题，不仅有较高学术造诣，而且有较强战略思维与指挥能力。在项目管理中专家委员会与行政部门密切配合，尤其重视宏观战略研究，着力做好顶层设计；确定重大和重点项目，提出需要联合攻关的技术关键；严格公正选拔优势单位和优势个人，大胆选拔和使用青年优秀人才；积极引导上游基因研究与下游育种生产应用紧密结合。正是管理理念的突破和体制机制的创新，才保证了上下协力同心，有效调动和发挥了科技人员的积极性，加快了转基因作物育种研究和产业化的发展进程。这一经验值得认真总结和借鉴。

4. 做大产业开拓市场

商业化育种是农作物种业发展的必由之路。转基因育种的价值最终必须接受市场检验并通过规模化生产来实现。然而，国内产学研体制分割、农业企业规模小、经济实力不强、中试转化力量仍很薄弱，要在这样的基础上进行高新技术成果转化确实是个难题。但是，在国家政策支持下，在实践中勇于探索以企业为主体、以市场为导向、产学研结合的新路，多年来已积累了不少推进产业发展的新经验、新模式。例如，研究所以专利技术入股与企业组建合资公司、企业获得技术转让加快成果转化、企业引进国内外专业人才加强独立研发、企业与院校共建研究中心等。一批新型种子企业从高起点切入，有力推动了种业发展和市场开拓，也为转基因育种的研究开发创造了有利条件。

三、我国转基因作物育种存在的问题与面对的挑战

1. 当务之急是推进重大研究成果产业化

我国转基因作物育种研究开发几乎与国际同步，经过多年努力已获得一批研究达到国际先进水平、安全性完全有保障、产业发展潜力巨大、可以冲击国际技术前沿并与国外公司抗衡的成果。但遗憾的是，由于受到转基因安全争议的负面影响，这些成果未能及时走向推广应用。然而，不进则退。产业化的滞缓必然导致科技竞争力的下降。近 10 年全球转基因技术发展日新月异，而我国生物育种整体水平与美国的差距重新拉大，发展速度与应用面积竟落到巴西、阿根廷、印度等发展中国家之后。特别是美国孟山都公司一举在全球收购了 50 多家种子公司，大力发展以转基因技术为核心的商业化

育种体系，目前已占有世界转基因种子90％的专利权和多种作物种子70％以上的市场份额，已成为跨国企业的龙头老大。我国科技竞争地位的削弱最终也导致农业对国际市场整体依赖程度不断增加，难以阻挡国外转基因作物产品大举进入，以致部分农产品市场陷入了受制于人的被动局面。

国内外实践已充分证明，转基因作物育种已处于战略机遇期，发展势不可挡，产业化的实现只是时间问题；加快推进有利于抢占市场先机和技术制高点，延误时间只会坐失良机而付出更大代价。当前应突破不符合科学、不适于发展需要的管理程序，尽快修订现行管理办法，简化和加快安全审批进程，做好转基因安全评价与品种管理的协调和衔接。对已有成果的技术成熟度、生物安全评价进展、知识产权地位、经济社会生态效益、开发应用前景、产学研结合现状、国内外竞争力等要素进行综合评估，选择发展最为紧迫的农作物，制定切实可行的、推进产业发展的路线图和时间表并付诸行动，力争3～5年内有较大突破。

2. 加快重大专项实施与自主创新

实施科技重大专项是党中央、国务院着眼国家长远发展，推动自主创新，抢占科技制高点，实现经济发展方式转变作出的一项重大前瞻性、战略性决策，是我国新时期科技工作的重中之重。《转基因生物新品种培育》是列入我国中长期科技发展规划（2006—2020年）的16个国家重大科技专项之一，也是农业领域唯一的重大专项。尽管由于社会对转基因安全等问题认识不一，专项实施过程中遇到了一些困难和阻力，但重大专项的方向、定位和重大战略意义毋庸置疑，其提升农业科技创新水平的显著成效有目共睹，继续推进实施的决心不应有任何动摇。当前要进一步做好战略规划，立足当前，兼顾长远，决不可削弱对重点研究课题和重大成果转化项目的支持力度。

3. 加强转基因科学传播和舆论正面引导

转基因生物育种本是一项利国利民、惠及长远的先进农业技术，对转基因安全问题国内外主流科学界已有明确结论，但因受到反科学、伪科学流言的蛊惑和妖魔化转基因舆论的干扰，社会上非理性思维一度盛行，影响了公众对转基因科学的认知。因此，加强科学传播和科普宣传在当前具有特殊重要性和紧迫性。有关管理部门应加大转基因科普宣传力度，旗帜鲜明地进行舆论正面引导；科学界应加强与公众和媒体进行沟通交流，更多担当传递科学正能量的历史责任。

国产抗虫棉 20 年领航之路[①]

曾经，美国科学家研究了 60 余年，我国科学家研究了 30 余年，一直未能攻克棉花三系应用研究这一技术难关。如今，转抗虫基因三系杂交棉在我国河北、河南、湖南等省大规模推广应用。

曾经，抗虫棉在特定的历史背景下，无可奈何地被"千呼万唤始出来"。如今，转抗虫基因三系杂交棉在棉花产业发展的持续较量中，大大方方地被推向产业化最前沿。

2014 年是国产抗虫棉研制成功 20 周年。20 年间，抗虫棉从无到有，从美国品种垄断到独立构建拥有自主知识产权抗虫基因，从单价基因抗虫棉到双价基因抗虫棉再到转抗虫基因三系杂交棉。国产抗虫棉用 20 年的科研成果转化为先进生产力，引领产业更好更快发展。

国产抗虫棉逆袭而上

经过多年努力，我国育种家利用抗虫棉种质培育国审、省审品种 240 多个，至今累计推广 5.6 亿多亩，减少农药 9 000 多万公斤，为国家和棉农累计增收 900 多亿元，国产转基因抗虫棉的种植面积已占全国抗虫棉种植面积的 95％以上。

1992 年，我国北方棉区棉铃虫连年大暴发，皮棉减产造成严重经济损失，棉农"谈虫色变"。原本种植期只需喷洒两三次的农药，由于一遍遍打农药产生了抗药性，接连喷洒 20 余次也不见效果；很多棉花区棉农在给棉花喷施农药时中毒身亡；因施药过量土壤受到极大污染，稻田无法正常耕种……

与此同时，本可以"救火"的美国孟山都公司企图占领我国植棉市场，提出苛刻条件，谈判以破裂告终。

内忧外患之下，我国"863 计划"将"转基因抗虫棉研制"列为重大关

---

① 本篇文章来源：农民日报，2014 年 7 月 14 日。

键技术项目进行攻关。

"抗虫棉纯属是被逼出来的。"中国抗虫棉之父、中国农业科学院生物技术研究所研究员郭三堆提到此仍心有余悸，"依靠民族自主创新的成果和抗虫棉产业化体系的建立，才是制胜的法宝。"

自此，抗虫棉在郭三堆的心里开始萌芽。他带着他的科研团队开始了一场至今长达 20 年的国产抗虫棉分子育种革命。

为了让棉花种植强国东山再起，让棉农尽快摆脱噩运，郭三堆 24 小时不离实验室，潜心研究。1994 年，单价抗虫棉（具备 Bt 杀虫蛋白）诞生；1996 年，双价抗虫棉（具备 Bt 和 CpTI 两种杀虫蛋白）研制成功；1999 年，通过安全评价并在河北、河南、山西、山东等 9 省区得到推广，广大棉农亩均增收节支 200 元以上；2002 年，融合抗虫棉研育成功，并于次年进入安全评价并获得生产试验；2005 年，高产、高效、高纯度、低成本的转抗虫基因三系杂交棉分子育种体系研制成功，通过转基因技术解决恢复系恢复力不强的问题后，转抗虫基因三系杂交棉问世。

国产抗虫棉的研制成功，不仅打破了抗虫棉主要依赖美国进口的局面，保护了棉农的生命财产安全，更提升了我国农业高新技术的国际竞争力。

转基因技术＋三系法实现增产又抗虫

转基因技术与三系杂交法的结合，让"既增产又抗虫"成为可能。转抗虫基因三系杂交棉制种程序简便，制种产量比人工去雄杂交提高 20％，效率提高 40％，成本降低 60％以上，而且纯度可达 100％，适合大面积制种。

"自从推广抗虫棉以来，我国再也没有大面积暴发棉铃虫灾害。然而，如何提高土地资源利用率、降低人工投入、增加棉花产量、促进棉花产业稳步发展，引发了我的新思考。"郭三堆的研究从未停止。

郭三堆介绍，三系法包括不育系、保持系和恢复系，不育系实际指的是雄性不育，也就是说可以用不育系作为母亲，保持系和恢复系分别作为父亲，但保持系和恢复系各司其职，保持系用来保家族，恢复系则用来卫国家。不育系和保持系结合还会生出不育系和保持系，不育系可以继续作为母亲，保持系可以继续保持家族的优良性状，继续传宗接代。不育系和恢复系结合则会生出杂种一代和恢复系，杂种一代用作地里的种子，形象地说就是保生产、卫国家。"与人工去雄杂交、两系杂交方法相比，三系法可以更好地克服前两种技术耗工多、成本高、规模受限、纯度难保证、生产应用风险较大等不足。"郭三堆说。

"但三系杂交法之前一直存在恢复系恢复能力不强的问题。"基于此，郭三堆想到了将转基因技术与三系杂交法相结合，让"既增产又抗虫"成为可能。中国农科院生物技术研究所与邯郸农业科学院科研团队联合攻关，采取基因工程、遗传转育、基因聚合、免疫试纸和分子标记相结合的技术集成及优势互补策略，创造出了陆地棉细胞质雄性不育的转抗虫基因的保持系、不育系和强恢复系；首次在国际上创建了"三系抗虫棉分子育种技术新体系"，有效地克服了国内外其他三系杂交棉无抗虫性、不育性不稳、恢复力不强、杂种产量优势缺乏而不能应用于规模生产的世界性难题。

2005 年 3 月，"银棉 2 号"通过国家审定，成为我国第一个通过国家审定并应用于生产的优质、高产转抗虫基因三系杂交棉品种，标志着我国抗虫三系杂交棉育种技术体系已经成熟，意味着中国将成为世界上第一个大规模应用抗虫三系杂交棉的国家。

找准突破口快速大面积推广

转抗虫基因三系杂交棉生物育种研究项目推广后，每年新增皮棉 80 万～100 万吨，增收 100 亿～120 亿元，相当于再造一个长江流域棉区。以种子产业化为突破口，进一步扩大优质、高产的转抗虫基因三系杂交棉品种的推广面积是当务之急。

抗虫棉系着种业强国梦，种业盼着抗虫棉产业化迅速崛起。

"三系抗虫棉能够比常规棉增产 25％以上，在制种成本上比人工去雄杂交减少约 50％，制种产量增加约 20％。"郭三堆说，"在如此明显的优势下，以种子产业化为突破口，进一步扩大优质、高产的国产转基因抗虫棉品种的推广面积是当务之急。"

为把科研成果的潜在生产力转化为现实生产力，中国农业科学院生物技术研究所、棉花所等国内与棉花有关的科研单位和企业联合组建的科技贸易公司等主导型企业，以买断品种权或给予技术股的形式，进行转基因抗虫棉的产业化开发。江苏省农业技术推广中心联合本省优质棉基地县棉花原种场、良棉厂共同组建的江苏科腾棉业有限责任公司，河南省农业厅经作站联合本省优质棉基地县良种棉加工厂组建的豫棉公司等基地主导型企业，以优质棉基地为依托进行转基因抗虫棉良种产业化开发；湖北省优质棉产业协会、河北省河间市欣农研会等协会联合相关棉种企业，走"公司＋农户"的产业化之路，通过股份合作、联产联销、特许经营、品种权转让等多种形式，形成了多种转基因抗虫棉种子产业化经营模式。

种源加强自主可控
转基因商用落地加速^①

一、党的二十大首提"农业强国"，粮食安全战略概念升级

我国耕地利用率已经严重饱和。近年来，我国中央 1 号文件反复强调坚守粮食安全、保住 18 亿亩耕地不动摇这一目标。首先，明确一下耕地的定义。我国对于耕地有着严格的定义，耕地是主要用于粮食和棉、油、糖、蔬菜等农产品及饲草饲料生产，永久基本农田重点用于粮食生产，高标准农田原则上全部用于粮食生产。耕地红线是国家为确保农业生产所需土地而划定的最低保障线，目前全国划定的红线是 18 亿亩，且只能从事农事耕作和农业生产，不能用于建设或其他非农化事项。根据第三次全国国土调查结果显示，2021 年我国耕地面积达到 19.18 亿亩，粮食种植占到了其中七成，其余占三成（图 3－1）。考虑到一些农产品还存在复合种植，我国耕地使用效率基本超过了 100％。

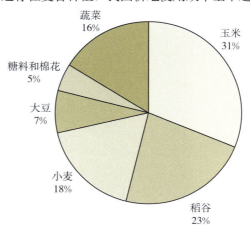

图 3－1　我国耕地目前使用分布情况
资料来源：万得（Wind），民生证券研究院

① 本篇文章来源：未来智库，2022 年 11 月 21 日。

2017—2021 年间我国主要大宗农产品的进口依赖度持续上升。粮食方面，我国玉米进口依赖度从不到 1％提升到 10％，小麦从 3％提升到 6％，只有稻谷基本能够自给自足。油料方面，大豆进口依赖度常年 85％以上，棕榈 100％依赖进口，菜籽油从 17％提升到 37％。软商品方面，白糖进口依赖度从 14％提升到 32％，棉花从 17％提升到 27％。

大豆和玉米种植带高度重合，也是争地问题最严重的两个品种。粗略计算，在二者亩产不变的情况下，理论上我国还需要增加的耕地面积：2021 年我国大豆进口量 9 250 万吨，平均亩产 130 公斤，大约需要 7 亿亩土地；玉米进口量 2 600 万吨，平均亩产 420 公斤，大约需要 0.6 亿亩土地。显然，粮食增产难以通过增加耕地面积这一路径解决，因此，提高作物单产成为实现农产品自给自足这一目标重要且唯一的手段。

对比全球最大的农产品输出国美国，2020 年，我国玉米单产是美国的 58.8％，大豆单产是美国的 65.2％，我国作物单产与其存在显著的差距。

二、转基因技术有望推动我国制种行业重塑竞争格局

我国种业市场规模超过千亿，但行业集中度仍然较低。我国种子行业发展起步较晚，种业市场一直到新中国成立之后才得以初步建立并缓慢发展，以 2000 年《种子法》实施为标志，我国种业进入市场化阶段，开始蓬勃发展（图 3-2）。

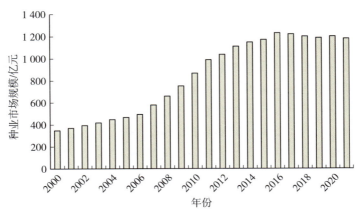

图 3-2 2000—2021 年我国种业市场规模
资料来源：中国农作物种业发展报告，民生证券研究院

2021 年我国种业市场规模达 1 180 亿元，体量庞大，排名全球第二。但行业集中度较低，CR5 仅 11%，对比全球种业市场 CR5 高达 51%，存在较大差距。我国巨大的种子需求，与落后的育种格局之间的矛盾亟须改善。

我国玉米品种的历次迭代，都使其产量和品质跃升一个台阶。自新中国成立以来，我国玉米共经历了 7 次较为明显的更新换代，经历了农家品种、双交种、单交种 3 个主要阶段，不论是育种方式还是单产水平都有显著提升。

近年来，"郑单 958""京科 968""登海 605"等一批自主培育的主导品种大面积推广应用，使我国玉米单产从 20 世纪 80 年代初期的 205 公斤/亩，增加到 2021 年的 419 公斤/亩，实现了超过翻倍的增长，为育种产业持续发展夯实了根基。

种质资源已到开发瓶颈，种企创新动力不足。优质原始材料能大幅提高育种的成功率，降低育种难度，而我国主要农作物优质种质资源已到达开发利用天花板。虽然近年来我国种质资源收集力度逐渐增强，但种质资源库使用不充分，目前很难培育出更优异的创新品种。

而且，由于政策方面对品种权保护力度不足，假冒套牌现象时有出现，种子公司创新意愿严重受损，这使得市场缺乏突破性品种，品种突破停滞不前。

以占我国种业份额最大的玉米为例，品种"郑单 958"已连续十几年排名全国推广面积第一，其余领先品种"先玉 335""京科 968""登海 605"等 5 年间也未出现被替代的趋势，核心玉米品种更新换代几乎停止。

套牌假种横行，挫伤种子企业原创积极性。新品种的研发需要耗费种企巨大的时间、人力及财力，往往 10 年才能培育出一个好的品种，而目前国内部分地区存在用 B 种子包装袋装 A 种子的套牌种子等仿冒现象，甚至种企研发的新品种还在试验田中，市场上已有套牌种子出售，其作案手法十分隐蔽，取证难、入刑难、量刑难等问题导致套牌种子屡禁不绝。

2013—2021 年，国内头部种企的前五大客户占比均出现不同程度的下降，套牌假种严重扰乱种业市场秩序，危害种企的良性发展。

三、主要农产品价格维持高位支撑种子行业高景气度

我国近年来粮食价格维持高位运行，大豆等油料价格跟随海外波动剧烈。玉米是我国最重要的粮食作物之一，同时又是重要的饲料作物，种植面

积一直位于各农作物种植面积前列。

2020 年玉米供给侧改革之前，我国玉米基本供需平衡。2020 年临储玉米抛储完毕，同期饲用需求持续增长，进而加大了我国玉米供需缺口，导致玉米商品粮价格快速上升；小麦作为玉米的替代品，其价格在之后也出现了更随性的上涨；而我国大豆常年严重产不足需，进口依赖度高达 85%，海外大豆价格的剧烈波动，通过进口成本传导至国内。因此今年中央 1 号文件将粮食领域重点转变为"稳玉米、扩大豆及油料作物"，国家对大豆等油料作物产能提升重视程度也有所加强。

国家统计局数据显示，2021 年全国种粮亩均收益 824 元，创 5 年来最高，玉米种子需求量旺盛，但期末库存水平持续下滑。制种玉米生长周期和大田玉米相当，都是当年 9 月收获，当年制种的玉米留到第二年销售，春节前后流通到经销商渠道，供应给农户使用。2021 年全国杂交玉米落实制种 272 万亩，同比增长 16.8%，但仍处于历史低位。

同时，玉米制种季前期受到低温阴雨影响、后期受到高温天气影响，大部分中晚熟品种出现明显的花粒、大籽粒、突尖、半片穗等情况，总体单产 366 公斤/亩，较上年下滑 22 公斤/亩，占全国玉米种子份额 40% 的张掖减产幅度较大。这使得 2021 年新产种子有限，为 9.93 亿公斤，同比仅增长 8.5%，加上季初有效库存 5.1 亿公斤，2022 年度商品种子有效供给量约 15 亿公斤。

据全国农技中心预测，2022 年杂交玉米种子需种量达 11.5 亿公斤。也就是说，2022 年玉米种子期末库存仅 3.5 亿公斤。玉米种子整体供需格局持续偏紧，支撑种子价格维持高位。

四、海外转基因市场日趋成熟，我国种业振兴正起航

1. 海外转基因商业化后快速发展

转基因技术诞生于 20 世纪 80 年代，世界第一例转基因植物抗病毒烟草成功研制，在技术逐步成熟后，于 1996 年首先在美国商业化应用，此后转基因作物发展迅速，种植面积在全球快速增长。

据国际农业生物技术应用服务组织（ISAAA），到 2019 年底，全球种植面积突破 1.9 亿公顷，23 年间年复合增速达 24%，共计 71 个国家/地区中，29 个国家允许种植，42 个国家允许进口已批准转基因作物用于粮食、饲料以及商业化种植。其中，前五大转基因种植国（美国、巴西、阿

根廷、加拿大、印度）的种植面积在全球转基因种植面积中占比超 90%
（图 3 - 3）。

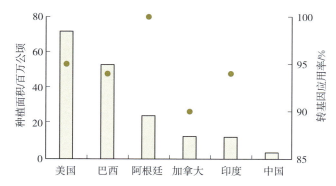

图 3 - 3　2019 年主要转基因国种植面积及转基因应用率
资料来源：国际农业生物技术应用服务组织（ISAAA），民生证券研究院

1998—2019 年间，随着转基因渗透率不断提升，全球种业市场规模增
长约 132%，在竞争格局不断优化的同时创造了大批的优秀企业。

育种技术的重大突破，在推广之初都会导致产量的跨越式增长。回顾
美国 150 年的玉米育种史，经历了农家品种、双交种、单交种、转基因单
交种 4 个主要阶段。1933—1943 年，美国的玉米杂交种植比例从 0.1%
增加到 78%，带动 20 世纪 40 年代的平均单产比 30 年代增长了 40.8%。
60 年代以后，由于单交种的更换使玉米单产进一步提高，比 50 年代增长
了 60.1%。1996 年，转基因的商业化毫无疑问地显著提高了玉米产量，
21 世纪初期比 20 世纪 90 年代增长了 1 500 千克，增长 19.4%。

美国作为全球最大的转基因种植国，转基因作物渗透率已稳定于 90%，
复合性状更受欢迎。自 1996 年开始大规模商业化种植后，转基因大豆与棉
花的渗透率快速提升，转基因玉米则在 21 世纪初期迎来快速增长，三者分
别于 2007、2010、2013 年达到 90% 的渗透率。

转基因发展初期，市场以抗虫和耐除草剂单一性状为主，随着技术的发
展及商业化逐步成熟，复合性状凭借同时具有抗虫、耐除草剂等优点，生产
成本更低，受到广大农民青睐，因而种植面积快速扩大。2022 年美国玉米
种植面积中，81% 左右都种植了复合性状的种子（图 3 - 4）。

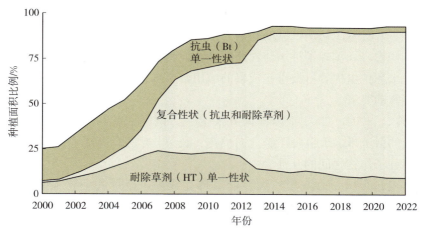

图 3-4 1996—2022 年美国不同性状转基因玉米占比

资料来源：美国农业部（USDA），民生证券研究院

作为全球转基因种子时代的引领者，孟山都创新了多样的分销与服务系统。种业和农药是孟山都两大主营业务，孟山都在加速转基因育种研发的同时，将新研发的耐除草剂种子与草甘膦系列农药进行捆绑销售，实现了种子与农药的优势互补。

此外，孟山都还建立了配套的农资服务平台，为客户提供定制化的农业信贷、气候服务及数字技术解决方案，不断提升品牌知名度和产品认可度，快速打造了全球性的种子营销网络。孟山都 2007—2017 年的销售额从 83.5 亿美元增长至 146.4 亿美元（图 3-5），实现了超 75％ 的增长，稳坐全球种业与农化行业龙头。

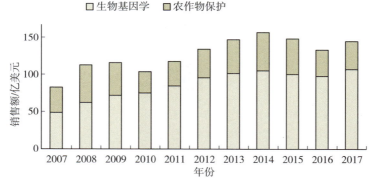

图 3-5 2007—2017 年孟山都销售额

资料来源：孟山都年报，民生证券研究院

转基因的快速发展，为全球种业带来了3次不同侧重点的并购浪潮。

第一，转基因初期以纵向并购为主。以孟山都为代表的农化集团对种业进行并购整合，实现了种子与农药的结合，转基因抗除草剂大豆、抗虫抗除草剂玉米和抗虫棉等科技进步成果的应用，要求种子与专用农药相结合，这是重要驱动要素。

第二，2004—2008年以横向并购为主。国际农化巨头混合兼并重组，并购标的由玉米、大豆种子企业向棉花、蔬菜、水果等种子企业拓展，实现了不同种子作物之间的互补。

第三，2016—2019年三大并购事件完成后，全球种业格局重新洗牌。在全球农产品价格下跌背景下，跨国资本推动国际农化巨头超大型并购与资源整合。第三次浪潮中，陶氏、杜邦合并，分拆出农业事业部科迪华农业科技，于2019年6月在纽交所单独上市，中国化工收购先正达，拜耳收购孟山都，巴斯夫接手拜耳原有种子业务，形成了以拜耳、科迪华、中国化工＋先正达（简称先正达）、巴斯夫为首的四大集团。

目前，全球种子行业主要公司为拜耳、科迪华、先正达、巴斯夫等（图3-6），种企之间的强强联合已成为整个转基因种业竞争的常态，农药、农资、种子公司慢慢走向一体化。

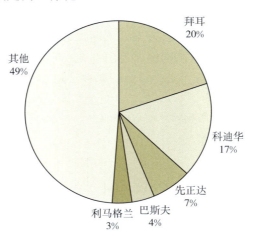

图3-6 2020年全球种子行业市场份额

资料来源：Kynetec，民生证券研究院

2. 国内转基因商业化已提上日程

1986年起，中国便开启了转基因研究之路。经过二十几年缓慢的发展，

2010年后中国转基因政策趋向审慎，对转基因的态度偏向"慎重推广"，转基因商业化因此陷入停滞；2016年后转基因商业化被重提，但仍推进缓慢；2020年，种子问题首次得到中央经济工作会议的强调；2021年11月转基因作物品种审定办法得到明确，我国正式开启转基因玉米商业化，中国转基因发展进入快速推进的阶段。

在种业振兴和生物育种政策稳步推进的背景下，转基因商用落地进程逐步加速。根据现行《种子法》规定，转基因种子需要经历安全证书获批和品种审定上市两个阶段，才能正式推出市场。

转基因安全证书。自2019年以来，我国已陆续有11个转基因抗虫、耐除草剂玉米和3个转基因耐除草剂大豆获得了生产应用安全证书。其中，大北农生物为唯一一家拥有大豆安全证书的企业；杭州瑞丰为隆平高科参股公司，为继大北农之后拥有最多性状储备的公司。

品种审定。农业农村部于2022年6月发布《国家级转基因玉米、大豆品种审定标准（试行）》，标志着我国转基因商业化政策的正式落地。该标准不仅规定了转基因性状应满足的条件，还规定了回交转育转基因品种的标准。经此标准审定的转基因种子可以明显降低除草和防虫成本，提高产量和种植收益，而本身拥有优质种子品种的企业将更有望首批获得品种审定证书。按照目前的政策流程以及企业的先期品种储备，预计最快于2022年底陆续公布通过品种审定的企业名单，明年有望实现转基因种子的正式商业化销售。目前国内转基因产品尚在孕育当中，转化体性状堆叠的丰富度仍有提升空间，而转化体通过回交转育将性状导入杂交品种的亲本中，至少仍需2～3年，因此前期储备丰富的头部企业或可在转基因商业化早期收获超额收益。

转基因商业化推动种子行业扩容升级。根据之前的试点试验结果，我国转基因玉米可实现增产6.7％～10.7％，大幅减少防虫成本。经大北农公司总体核算，每亩可为农民带来约200元以上的增值收入，同时转基因玉米种子价格较杂交玉米种子会提高20％～60％，参考海外市场的定价模式，价增部分将由性状公司、种子公司、渠道商等共享。目前我国玉米种植面积约6.5亿亩，若以美国当前90％左右的渗透率假设，从产业链分工来看，可以得出以下几点。

第一，性状公司获利幅度取决于单亩收费水平，预计在转基因商业化初期可获得价增的40％左右（8～10元/亩），性状授权市场规模可达59亿元左右。性状公司的代表性企业为大北农、杭州瑞丰（上市公司隆平高科的持股子公司）、先正达等。

第二，品种公司代表企业为传统的龙头种子公司，负责制种及推广，按照当前常规玉米种子出厂价（约30元/亩）测算，我国的转基因玉米种子出厂价格将位于36～50元/亩区间内，转基因玉米种子市场规模有望达280.8亿元。国内头部玉米种企包括隆平高科、登海种业、荃银高科等。

第四部分
管理办法
4

农业转基因生物安全管理条例

（2001 年 5 月 23 日中华人民共和国国务院令第 304 号公布，根据 2011 年 1 月 8 日《国务院关于废止和修改部分行政法规的决定》第一次修订，根据 2017 年 10 月 7 日《国务院关于修改部分行政法规的决定》第二次修订）

第一章 总 则

第一条 为了加强农业转基因生物安全管理，保障人体健康和动植物、微生物安全，保护生态环境，促进农业转基因生物技术研究，制定本条例。

第二条 在中华人民共和国境内从事农业转基因生物的研究、试验、生产、加工、经营和进口、出口活动，必须遵守本条例。

第三条 本条例所称农业转基因生物，是指利用基因工程技术改变基因组构成，用于农业生产或者农产品加工的动植物、微生物及其产品，主要包括：

（一）转基因动植物（含种子、种畜禽、水产苗种）和微生物；

（二）转基因动植物、微生物产品；

（三）转基因农产品的直接加工品；

（四）含有转基因动植物、微生物或者其产品成分的种子、种畜禽、水产苗种、农药、兽药、肥料和添加剂等产品。

本条例所称农业转基因生物安全，是指防范农业转基因生物对人类、动植物、微生物和生态环境构成的危险或者潜在风险。

第四条 国务院农业行政主管部门负责全国农业转基因生物安全的监督管理工作。

县级以上地方各级人民政府农业行政主管部门负责本行政区域内的农业转基因生物安全的监督管理工作。

县级以上各级人民政府有关部门依照《中华人民共和国食品安全法》的有关规定，负责转基因食品安全的监督管理工作。

第五条 国务院建立农业转基因生物安全管理部际联席会议制度。

农业转基因生物安全管理部际联席会议由农业、科技、环境保护、卫生、外经贸、检验检疫等有关部门的负责人组成，负责研究、协调农业转基因生物安全管理工作中的重大问题。

第六条 国家对农业转基因生物安全实行分级管理评价制度。

农业转基因生物按照其对人类、动植物、微生物和生态环境的危险程度，分为Ⅰ、Ⅱ、Ⅲ、Ⅳ四个等级。具体划分标准由国务院农业行政主管部门制定。

第七条 国家建立农业转基因生物安全评价制度。

农业转基因生物安全评价的标准和技术规范，由国务院农业行政主管部门制定。

第八条 国家对农业转基因生物实行标识制度。

实施标识管理的农业转基因生物目录，由国务院农业行政主管部门商国务院有关部门制定、调整并公布。

第二章 研究与试验

第九条 国务院农业行政主管部门应当加强农业转基因生物研究与试验的安全评价管理工作，并设立农业转基因生物安全委员会，负责农业转基因生物的安全评价工作。

农业转基因生物安全委员会由从事农业转基因生物研究、生产、加工、检验检疫以及卫生、环境保护等方面的专家组成。

第十条 国务院农业行政主管部门根据农业转基因生物安全评价工作的需要，可以委托具备检测条件和能力的技术检测机构对农业转基因生物进行检测。

第十一条 从事农业转基因生物研究与试验的单位，应当具备与安全等级相适应的安全设施和措施，确保农业转基因生物研究与试验的安全，并成立农业转基因生物安全小组，负责本单位农业转基因生物研究与试验的安全工作。

第十二条 从事Ⅲ、Ⅳ级农业转基因生物研究的，应当在研究开始前向国务院农业行政主管部门报告。

第十三条 农业转基因生物试验，一般应当经过中间试验、环境释放和生产性试验三个阶段。中间试验，是指在控制系统内或者控制条件下进行的小规模试验。环境释放，是指在自然条件下采取相应安全措施所进行的中规模的试验。生产性试验，是指在生产和应用前进行的较大规模的试验。

第十四条 农业转基因生物在实验室研究结束后，需要转入中间试验的，试验单位应当向国务院农业行政主管部门报告。

第十五条 农业转基因生物试验需要从上一试验阶段转入下一试验阶段的，试验单位应当向国务院农业行政主管部门提出申请；经农业转基因生物安全委员会进行安全评价合格的，由国务院农业行政主管部门批准转入下一试验阶段。

试验单位提出前款申请，应当提供下列材料：

（一）农业转基因生物的安全等级和确定安全等级的依据；

（二）农业转基因生物技术检测机构出具的检测报告；

（三）相应的安全管理、防范措施；

（四）上一试验阶段的试验报告。

第十六条 从事农业转基因生物试验的单位在生产性试验结束后，可以向国务院农业行政主管部门申请领取农业转基因生物安全证书。

试验单位提出前款申请，应当提供下列材料：

（一）农业转基因生物的安全等级和确定安全等级的依据；

（二）生产性试验的总结报告；

（三）国务院农业行政主管部门规定的试验材料、检测方法等其他材料。

国务院农业行政主管部门收到申请后，应当委托具备检测条件和能力的技术检测机构进行检测，并组织农业转基因生物安全委员会进行安全评价；安全评价合格的，方可颁发农业转基因生物安全证书。

第十七条 转基因植物种子、种畜禽、水产苗种，利用农业转基因生物生产的或者含有农业转基因生物成分的种子、种畜禽、水产苗种、农药、兽药、肥料和添加剂等，在依照有关法律、行政法规的规定进行审定、登记或者评价、审批前，应当依照本条例第十六条的规定取得农业转基因生物安全证书。

第十八条 中外合作、合资或者外方独资在中华人民共和国境内从事农业转基因生物研究与试验的，应当经国务院农业行政主管部门批准。

第三章　生产与加工

第十九条　生产转基因植物种子、种畜禽、水产苗种，应当取得国务院农业行政主管部门颁发的种子、种畜禽、水产苗种生产许可证。

生产单位和个人申请转基因植物种子、种畜禽、水产苗种生产许可证，除应当符合有关法律、行政法规规定的条件外，还应当符合下列条件：

（一）取得农业转基因生物安全证书并通过品种审定；

（二）在指定的区域种植或者养殖；

（三）有相应的安全管理、防范措施；

（四）国务院农业行政主管部门规定的其他条件。

第二十条　生产转基因植物种子、种畜禽、水产苗种的单位和个人，应当建立生产档案，载明生产地点、基因及其来源、转基因的方法以及种子、种畜禽、水产苗种流向等内容。

第二十一条　单位和个人从事农业转基因生物生产、加工的，应当由国务院农业行政主管部门或者省、自治区、直辖市人民政府农业行政主管部门批准。具体办法由国务院农业行政主管部门制定。

第二十二条　从事农业转基因生物生产、加工的单位和个人，应当按照批准的品种、范围、安全管理要求和相应的技术标准组织生产、加工，并定期向所在地县级人民政府农业行政主管部门提供生产、加工、安全管理情况和产品流向的报告。

第二十三条　农业转基因生物在生产、加工过程中发生基因安全事故时，生产、加工单位和个人应当立即采取安全补救措施，并向所在地县级人民政府农业行政主管部门报告。

第二十四条　从事农业转基因生物运输、贮存的单位和个人，应当采取与农业转基因生物安全等级相适应的安全控制措施，确保农业转基因生物运输、贮存的安全。

第四章　经　　营

第二十五条　经营转基因植物种子、种畜禽、水产苗种的单位和个人，应当取得国务院农业行政主管部门颁发的种子、种畜禽、水产苗种经营许可证。

经营单位和个人申请转基因植物种子、种畜禽、水产苗种经营许可证，除应当符合有关法律、行政法规规定的条件外，还应当符合下列条件：

（一）有专门的管理人员和经营档案；

（二）有相应的安全管理、防范措施；

（三）国务院农业行政主管部门规定的其他条件。

第二十六条 经营转基因植物种子、种畜禽、水产苗种的单位和个人，应当建立经营档案，载明种子、种畜禽、水产苗种的来源、贮存、运输和销售去向等内容。

第二十七条 在中华人民共和国境内销售列入农业转基因生物目录的农业转基因生物，应当有明显的标识。

列入农业转基因生物目录的农业转基因生物，由生产、分装单位和个人负责标识；未标识的，不得销售。经营单位和个人在进货时，应当对货物和标识进行核对。经营单位和个人拆开原包装进行销售的，应当重新标识。

第二十八条 农业转基因生物标识应当载明产品中含有转基因成分的主要原料名称；有特殊销售范围要求的，还应当载明销售范围，并在指定范围内销售。

第二十九条 农业转基因生物的广告，应当经国务院农业行政主管部门审查批准后，方可刊登、播放、设置和张贴。

第五章 进口与出口

第三十条 从中华人民共和国境外引进农业转基因生物用于研究、试验的，引进单位应当向国务院农业行政主管部门提出申请；符合下列条件的，国务院农业行政主管部门方可批准：

（一）具有国务院农业行政主管部门规定的申请资格；

（二）引进的农业转基因生物在国（境）外已经进行了相应的研究、试验；

（三）有相应的安全管理、防范措施。

第三十一条 境外公司向中华人民共和国出口转基因植物种子、种畜禽、水产苗种和利用农业转基因生物生产的或者含有农业转基因生物成分的植物种子、种畜禽、水产苗种、农药、兽药、肥料和添加剂的，应当向国务院农业行政主管部门提出申请；符合下列条件的，国务院农业行政主管部门方可批准试验材料入境并依照本条例的规定进行中间试验、环境释放和生产性试验：

（一）输出国家或者地区已经允许作为相应用途并投放市场；

（二）输出国家或者地区经过科学试验证明对人类、动植物、微生物和生态环境无害；

（三）有相应的安全管理、防范措施。

生产性试验结束后，经安全评价合格，并取得农业转基因生物安全证书后，方可依照有关法律、行政法规的规定办理审定、登记或者评价、审批手续。

第三十二条　境外公司向中华人民共和国出口农业转基因生物用作加工原料的，应当向国务院农业行政主管部门提出申请，提交国务院农业行政主管部门要求的试验材料、检测方法等材料；符合下列条件，经国务院农业行政主管部门委托的、具备检测条件和能力的技术检测机构检测确认对人类、动植物、微生物和生态环境不存在危险，并经安全评价合格的，由国务院农业行政主管部门颁发农业转基因生物安全证书：

（一）输出国家或者地区已经允许作为相应用途并投放市场；

（二）输出国家或者地区经过科学试验证明对人类、动植物、微生物和生态环境无害；

（三）有相应的安全管理、防范措施。

第三十三条　从中华人民共和国境外引进农业转基因生物的，或者向中华人民共和国出口农业转基因生物的，引进单位或者境外公司应当凭国务院农业行政主管部门颁发的农业转基因生物安全证书和相关批准文件，向口岸出入境检验检疫机构报检；经检疫合格后，方可向海关申请办理有关手续。

第三十四条　农业转基因生物在中华人民共和国过境转移的，应当遵守中华人民共和国有关法律、行政法规的规定。

第三十五条　国务院农业行政主管部门应当自收到申请人申请之日起270日内作出批准或者不批准的决定，并通知申请人。

第三十六条　向中华人民共和国境外出口农产品，外方要求提供非转基因农产品证明的，由口岸出入境检验检疫机构根据国务院农业行政主管部门发布的转基因农产品信息，进行检测并出具非转基因农产品证明。

第三十七条　进口农业转基因生物，没有国务院农业行政主管部门颁发的农业转基因生物安全证书和相关批准文件的，或者与证书、批准文件不符的，作退货或者销毁处理。进口农业转基因生物不按照规定标识的，重新标识后方可入境。

第六章 监督检查

第三十八条 农业行政主管部门履行监督检查职责时，有权采取下列措施：

（一）询问被检查的研究、试验、生产、加工、经营或者进口、出口的单位和个人、利害关系人、证明人，并要求其提供与农业转基因生物安全有关的证明材料或者其他资料；

（二）查阅或者复制农业转基因生物研究、试验、生产、加工、经营或者进口、出口的有关档案、账册和资料等；

（三）要求有关单位和个人就有关农业转基因生物安全的问题作出说明；

（四）责令违反农业转基因生物安全管理的单位和个人停止违法行为；

（五）在紧急情况下，对非法研究、试验、生产、加工、经营或者进口、出口的农业转基因生物实施封存或者扣押。

第三十九条 农业行政主管部门工作人员在监督检查时，应当出示执法证件。

第四十条 有关单位和个人对农业行政主管部门的监督检查，应当予以支持、配合，不得拒绝、阻碍监督检查人员依法执行职务。

第四十一条 发现农业转基因生物对人类、动植物和生态环境存在危险时，国务院农业行政主管部门有权宣布禁止生产、加工、经营和进口，收回农业转基因生物安全证书，销毁有关存在危险的农业转基因生物。

第七章 罚　　则

第四十二条 违反本条例规定，从事Ⅲ、Ⅳ级农业转基因生物研究或者进行中间试验，未向国务院农业行政主管部门报告的，由国务院农业行政主管部门责令暂停研究或者中间试验，限期改正。

第四十三条 违反本条例规定，未经批准擅自从事环境释放、生产性试验的，已获批准但未按照规定采取安全管理、防范措施的，或者超过批准范围进行试验的，由国务院农业行政主管部门或者省、自治区、直辖市人民政府农业行政主管部门依据职权，责令停止试验，并处1万元以上5万元以下的罚款。

第四十四条 违反本条例规定，在生产性试验结束后，未取得农业转基因生物安全证书，擅自将农业转基因生物投入生产和应用的，由国务院农业行政主管部门责令停止生产和应用，并处 2 万元以上 10 万元以下的罚款。

第四十五条　违反本条例第十八条规定，未经国务院农业行政主管部门批准，从事农业转基因生物研究与试验的，由国务院农业行政主管部门责令立即停止研究与试验，限期补办审批手续。

第四十六条　违反本条例规定，未经批准生产、加工农业转基因生物或者未按照批准的品种、范围、安全管理要求和技术标准生产、加工的，由国务院农业行政主管部门或者省、自治区、直辖市人民政府农业行政主管部门依据职权，责令停止生产或者加工，没收违法生产或者加工的产品及违法所得；违法所得 10 万元以上的，并处违法所得 1 倍以上 5 倍以下的罚款；没有违法所得或者违法所得不足 10 万元的，并处 10 万元以上 20 万元以下的罚款。

第四十七条　违反本条例规定，转基因植物种子、种畜禽、水产苗种的生产、经营单位和个人，未按照规定制作、保存生产、经营档案的，由县级以上人民政府农业行政主管部门依据职权，责令改正，处 1 000 元以上 1 万元以下的罚款。

第四十八条　违反本条例规定，未经国务院农业行政主管部门批准，擅自进口农业转基因生物的，由国务院农业行政主管部门责令停止进口，没收已进口的产品和违法所得；违法所得 10 万元以上的，并处违法所得 1 倍以上 5 倍以下的罚款；没有违法所得或者违法所得不足 10 万元的，并处 10 万元以上 20 万元以下的罚款。

第四十九条　违反本条例规定，进口、携带、邮寄农业转基因生物未向口岸出入境检验检疫机构报检的，由口岸出入境检验检疫机构比照进出境动植物检疫法的有关规定处罚。

第五十条　违反本条例关于农业转基因生物标识管理规定的，由县级以上人民政府农业行政主管部门依据职权，责令限期改正，可以没收非法销售的产品和违法所得，并可以处 1 万元以上 5 万元以下的罚款。

第五十一条　假冒、伪造、转让或者买卖农业转基因生物有关证明文书的，由县级以上人民政府农业行政主管部门依据职权，收缴相应的证明文书，并处 2 万元以上 10 万元以下的罚款；构成犯罪的，依法追究刑事责任。

第五十二条　违反本条例规定，在研究、试验、生产、加工、贮存、运输、销售或者进口、出口农业转基因生物过程中发生基因安全事故，造成损害的，依法承担赔偿责任。

第五十三条 国务院农业行政主管部门或者省、自治区、直辖市人民政府农业行政主管部门违反本条例规定核发许可证、农业转基因生物安全证书以及其他批准文件的，或者核发许可证、农业转基因生物安全证书以及其他批准文件后不履行监督管理职责的，对直接负责的主管人员和其他直接责任人员依法给予行政处分；构成犯罪的，依法追究刑事责任。

第八章 附 则

第五十四条 本条例自公布之日起施行。

农业转基因生物安全评价管理办法

（2002 年 1 月 5 日农业部令第 8 号公布，2004 年 7 月 1 日农业部令第 38 号、2016 年 7 月 25 日农业部令 2016 年第 7 号、2017 年 11 月 30 日农业部令 2017 年第 8 号、2022 年 1 月 21 日农业农村部令 2022 年第 2 号修订）

第一章 总 则

第一条 为了加强农业转基因生物安全评价管理，保障人类健康和动植物、微生物安全，保护生态环境，根据《农业转基因生物安全管理条例》（简称《条例》），制定本办法。

第二条 在中华人民共和国境内从事农业转基因生物的研究、试验、生产、加工、经营和进口、出口活动，依照《条例》规定需要进行安全评价的，应当遵守本办法。

第三条 本办法适用于《条例》规定的农业转基因生物，即利用基因工程技术改变基因组构成，用于农业生产或者农产品加工的植物、动物、微生物及其产品，主要包括：

（一）转基因动植物（含种子、种畜禽、水产苗种）和微生物；

（二）转基因动植物、微生物产品；

（三）转基因农产品的直接加工品；

（四）含有转基因动植物、微生物或者其产品成分的种子、种畜禽、水产苗种、农药、兽药、肥料和添加剂等产品。

第四条 本办法评价的是农业转基因生物对人类、动植物、微生物和生态环境构成的危险或者潜在的风险。安全评价工作按照植物、动物、微生物三个类别，以科学为依据，以个案审查为原则，实行分级分阶段管理。

第五条 根据《条例》第九条的规定设立国家农业转基因生物安全委员

会，负责农业转基因生物的安全评价工作。国家农业转基因生物安全委员会由从事农业转基因生物研究、生产、加工、检验检疫、卫生、环境保护等方面的专家组成，每届任期五年。

农业农村部设立农业转基因生物安全管理办公室，负责农业转基因生物安全评价管理工作。

第六条　从事农业转基因生物研究与试验的单位是农业转基因生物安全管理的第一责任人，应当成立由单位法定代表人负责的农业转基因生物安全小组，负责本单位农业转基因生物的安全管理及安全评价申报的审查工作。

从事农业转基因生物研究与试验的单位，应当制定农业转基因生物试验操作规程，加强农业转基因生物试验的可追溯管理。

第七条　农业农村部根据农业转基因生物安全评价工作的需要，委托具备检测条件和能力的技术检测机构对农业转基因生物进行检测，为安全评价和管理提供依据。

第八条　转基因植物种子、种畜禽、水产种苗，利用农业转基因生物生产的或者含有农业转基因生物成分的种子、种畜禽、水产种苗、农药、兽药、肥料和添加剂等，在依照有关法律、行政法规的规定进行审定、登记或者评价、审批前，应当依照本办法的规定取得农业转基因生物安全证书。

第二章　安全等级和安全评价

第九条　农业转基因生物安全实行分级评价管理。

按照对人类、动植物、微生物和生态环境的危险程度，将农业转基因生物分为以下四个等级：

安全等级Ⅰ：尚不存在危险；

安全等级Ⅱ：具有低度危险；

安全等级Ⅲ：具有中度危险；

安全等级Ⅳ：具有高度危险。

第十条　农业转基因生物安全评价和安全等级的确定按以下步骤进行：

（一）确定受体生物的安全等级；

（二）确定基因操作对受体生物安全等级影响的类型；

（三）确定转基因生物的安全等级；

（四）确定生产、加工活动对转基因生物安全性的影响；

（五）确定转基因产品的安全等级。

第十一条 受体生物安全等级的确定

受体生物分为四个安全等级：

（一）符合下列条件之一的受体生物应当确定为安全等级Ⅰ：

1. 对人类健康和生态环境未曾发生过不利影响；

2. 演化成有害生物的可能性极小；

3. 用于特殊研究的短存活期受体生物，实验结束后在自然环境中存活的可能性极小。

（二）对人类健康和生态环境可能产生低度危险，但是通过采取安全控制措施完全可以避免其危险的受体生物，应当确定为安全等级Ⅱ。

（三）对人类健康和生态环境可能产生中度危险，但是通过采取安全控制措施，基本上可以避免其危险的受体生物，应当确定为安全等级Ⅲ。

（四）对人类健康和生态环境可能产生高度危险，而且在封闭设施之外尚无适当的安全控制措施避免其发生危险的受体生物，应当确定为安全等级Ⅳ。包括：

1. 可能与其它生物发生高频率遗传物质交换的有害生物；

2. 尚无有效技术防止其本身或其产物逃逸、扩散的有害生物；

3. 尚无有效技术保证其逃逸后，在对人类健康和生态环境产生不利影响之前，将其捕获或消灭的有害生物。

第十二条 基因操作对受体生物安全等级影响类型的确定

基因操作对受体生物安全等级的影响分为三种类型，即：增加受体生物的安全性；不影响受体生物的安全性；降低受体生物的安全性。

类型1 增加受体生物安全性的基因操作

包括：去除某个（些）已知具有危险的基因或抑制某个（些）已知具有危险的基因表达的基因操作。

类型2 不影响受体生物安全性的基因操作

包括：

1. 改变受体生物的表型或基因型而对人类健康和生态环境没有影响的基因操作；

2. 改变受体生物的表型或基因型而对人类健康和生态环境没有不利影响的基因操作。

类型3 降低受体生物安全性的基因操作

包括：

1. 改变受体生物的表型或基因型，并可能对人类健康或生态环境产生不利影响的基因操作；

2. 改变受体生物的表型或基因型，但不能确定对人类健康或生态环境影响的基因操作。

第十三条 农业转基因生物安全等级的确定

根据受体生物的安全等级和基因操作对其安全等级的影响类型及影响程度，确定转基因生物的安全等级。

（一）受体生物安全等级为Ⅰ的转基因生物

1. 安全等级为Ⅰ的受体生物，经类型1或类型2的基因操作而得到的转基因生物，其安全等级仍为Ⅰ。

2. 安全等级为Ⅰ的受体生物，经类型3的基因操作而得到的转基因生物，如果安全性降低很小，且不需要采取任何安全控制措施的，则其安全等级仍为Ⅰ；如果安全性有一定程度的降低，但是可以通过适当的安全控制措施完全避免其潜在危险的，则其安全等级为Ⅱ；如果安全性严重降低，但是可以通过严格的安全控制措施避免其潜在危险的，则其安全等级为Ⅲ；如果安全性严重降低，而且无法通过安全控制措施完全避免其危险的，则其安全等级为Ⅳ。

（二）受体生物安全等级为Ⅱ的转基因生物

1. 安全等级为Ⅱ的受体生物，经类型1的基因操作而得到的转基因生物，如果安全性增加到对人类健康和生态环境不再产生不利影响的，则其安全等级为Ⅰ；如果安全性虽有增加，但对人类健康和生态环境仍有低度危险的，则其安全等级仍为Ⅱ。

2. 安全等级为Ⅱ的受体生物，经类型2的基因操作而得到的转基因生物，其安全等级仍为Ⅱ。

3. 安全等级为Ⅱ的受体生物，经类型3的基因操作而得到的转基因生物，根据安全性降低的程度不同，其安全等级可为Ⅱ、Ⅲ或Ⅳ，分级标准与受体生物的分级标准相同。

（三）受体生物安全等级为Ⅲ的转基因生物

1. 安全等级为Ⅲ的受体生物，经类型1的基因操作而得到的转基因生物，根据安全性增加的程度不同，其安全等级可为Ⅰ、Ⅱ或Ⅲ，分级标准与受体生物的分级标准相同。

2. 安全等级为Ⅲ的受体生物，经类型2的基因操作而得到的转基因生物，其安全等级仍为Ⅲ。

3. 安全等级为Ⅲ的受体生物，经类型 3 的基因操作得到的转基因生物，根据安全性降低的程度不同，其安全等级可为Ⅲ或Ⅳ，分级标准与受体生物的分级标准相同。

（四）受体生物安全等级为Ⅳ的转基因生物

1. 安全等级为Ⅳ的受体生物，经类型 1 的基因操作而得到的转基因生物，根据安全性增加的程度不同，其安全等级可为Ⅰ、Ⅱ、Ⅲ或Ⅳ，分级标准与受体生物的分级标准相同。

2. 安全等级为Ⅳ的受体生物，经类型 2 或类型 3 的基因操作而得到的转基因生物，其安全等级仍为Ⅳ。

第十四条 农业转基因产品安全等级的确定

根据农业转基因生物的安全等级和产品的生产、加工活动对其安全等级的影响类型和影响程度，确定转基因产品的安全等级。

（一）农业转基因产品的生产、加工活动对转基因生物安全等级的影响分为三种类型：

类型 1 增加转基因生物的安全性；

类型 2 不影响转基因生物的安全性；

类型 3 降低转基因生物的安全性。

（二）转基因生物安全等级为Ⅰ的转基因产品

1. 安全等级为Ⅰ的转基因生物，经类型 1 或类型 2 的生产、加工活动而形成的转基因产品，其安全等级仍为Ⅰ。

2. 安全等级为Ⅰ的转基因生物，经类型 3 的生产、加工活动而形成的转基因产品，根据安全性降低的程度不同，其安全等级可为Ⅰ、Ⅱ、Ⅲ或Ⅳ，分级标准与受体生物的分级标准相同。

（三）转基因生物安全等级为Ⅱ的转基因产品

1. 安全等级为Ⅱ的转基因生物，经类型 1 的生产、加工活动而形成的转基因产品，如果安全性增加到对人类健康和生态环境不再产生不利影响的，其安全等级为Ⅰ；如果安全性虽然有增加，但是对人类健康或生态环境仍有低度危险的，其安全等级仍为Ⅱ。

2. 安全等级为Ⅱ的转基因生物，经类型 2 的生产、加工活动而形成的转基因产品，其安全等级仍为Ⅱ。

3. 安全等级为Ⅱ的转基因生物，经类型 3 的生产、加工活动而形成的转基因产品，根据安全性降低的程度不同，其安全等级可为Ⅱ、Ⅲ或Ⅳ，分级标准与受体生物的分级标准相同。

（四）转基因生物安全等级为Ⅲ的转基因产品

1. 安全等级为Ⅲ的转基因生物，经类型1的生产、加工活动而形成的转基因产品，根据安全性增加的程度不同，其安全等级可为Ⅰ、Ⅱ或Ⅲ，分级标准与受体生物的分级标准相同。

2. 安全等级为Ⅲ的转基因生物，经类型2的生产、加工活动而形成的转基因产品，其安全等级仍为Ⅲ。

3. 安全等级为Ⅲ的转基因生物，经类型3的生产、加工活动而形成转基因产品，根据安全性降低的程度不同，其安全等级可为Ⅲ或Ⅳ，分级标准与受体生物的分级标准相同。

（五）转基因生物安全等级为Ⅳ的转基因产品

1. 安全等级为Ⅳ的转基因生物，经类型1的生产、加工活动而得到的转基因产品，根据安全性增加的程度不同，其安全等级可为Ⅰ、Ⅱ、Ⅲ或Ⅳ，分级标准与受体生物的分级标准相同。

2. 安全等级为Ⅳ的转基因生物，经类型2或类型3的生产、加工活动而得到的转基因产品，其安全等级仍为Ⅳ。

第三章　申报和审批

第十五条　凡在中华人民共和国境内从事农业转基因生物安全等级为Ⅲ和Ⅳ的研究以及所有安全等级的试验和进口的单位以及生产和加工的单位和个人，应当根据农业转基因生物的类别和安全等级，分阶段向农业转基因生物安全管理办公室报告或者提出申请。

第十六条　农业农村部依法受理农业转基因生物安全评价申请。申请被受理的，应当交由国家农业转基因生物安全委员会进行安全评价。国家农业转基因生物安全委员会每年至少开展两次农业转基因生物安全评审。农业农村部收到安全评价结果后按照《中华人民共和国行政许可法》和《条例》的规定作出批复。

第十七条　从事农业转基因生物试验和进口的单位以及从事农业转基因生物生产和加工的单位和个人，在向农业转基因生物安全管理办公室提出安全评价报告或申请前应当完成下列手续：

（一）报告或申请单位和报告或申请人对所从事的转基因生物工作进行

安全性评价，并填写报告书或申报书；

（二）组织本单位转基因生物安全小组对申报材料进行技术审查；

（三）提供有关技术资料。

第十八条 在中华人民共和国从事农业转基因生物实验研究与试验的，应当具备下列条件：

（一）在中华人民共和国境内有专门的机构；

（二）有从事农业转基因生物实验研究与试验的专职技术人员；

（三）具备与实验研究和试验相适应的仪器设备和设施条件；

（四）成立农业转基因生物安全管理小组。

鼓励从事农业转基因生物试验的单位建立或共享专门的试验基地。

第十九条 报告农业转基因生物实验研究和中间试验以及申请环境释放、生产性试验和安全证书的单位应当按照农业农村部制定的农业转基因植物、动物和微生物安全评价各阶段的报告或申报要求、安全评价的标准和技术规范，办理报告或申请手续（见附录Ⅰ、Ⅱ、Ⅲ、Ⅳ）。

第二十条 从事安全等级为Ⅰ和Ⅱ的农业转基因生物实验研究，由本单位农业转基因生物安全小组批准；从事安全等级为Ⅲ和Ⅳ的农业转基因生物实验研究，应当在研究开始前向农业转基因生物安全管理办公室报告。

研究单位向农业转基因生物安全管理办公室报告时应当提供以下材料：

（一）实验研究报告书；

（二）农业转基因生物的安全等级和确定安全等级的依据；

（三）相应的实验室安全设施、安全管理和防范措施。

第二十一条 在农业转基因生物（安全等级Ⅰ、Ⅱ、Ⅲ、Ⅳ）实验研究结束后拟转入中间试验的，试验单位应当向农业转基因生物安全管理办公室报告。

试验单位向农业转基因生物安全管理办公室报告时应当提供下列材料：

（一）中间试验报告书；

（二）实验研究总结报告；

（三）农业转基因生物的安全等级和确定安全等级的依据；

（四）相应的安全研究内容、安全管理和防范措施。

第二十二条 在农业转基因生物中间试验结束后拟转入环境释放的，或者在环境释放结束后拟转入生产性试验的，试验单位应当向农业转基因生物安全管理办公室提出申请，经国家农业转基因生物安全委员会安全评价合格并由农业农村部批准后，方可根据农业转基因生物安全审批书的要求进行相应的试验。

试验单位提出前款申请时，应当按照相关安全评价指南的要求提供下列材料：

（一）安全评价申报书；

（二）农业转基因生物的安全等级和确定安全等级的依据；

（三）有检测条件和能力的技术检测机构出具的检测报告；

（四）相应的安全研究内容、安全管理和防范措施；

（五）上一试验阶段的试验总结报告。

申请生产性试验的，还应当按要求提交农业转基因生物样品、对照样品及检测方法。

第二十三条　在农业转基因生物安全审批书有效期内，试验单位需要改变试验地点的，应当向农业转基因生物安全管理办公室报告。

第二十四条　在农业转基因生物试验结束后拟申请安全证书的，试验单位应当向农业转基因生物安全管理办公室提出申请。

试验单位提出前款申请时，应当按照相关安全评价指南的要求提供下列材料：

（一）安全评价申报书；

（二）农业转基因生物的安全等级和确定安全等级的依据；

（三）中间试验、环境释放和生产性试验阶段的试验总结报告；

（四）按要求提交农业转基因生物样品、对照样品及检测所需的试验材料、检测方法，但按照本办法第二十二条规定已经提交的除外；

（五）其他有关材料。

农业农村部收到申请后，应当组织农业转基因生物安全委员会进行安全评价，并委托具备检测条件和能力的技术检测机构进行检测；安全评价合格的，经农业农村部批准后，方可颁发农业转基因生物安全证书。

第二十五条　农业转基因生物安全证书应当明确转基因生物名称（编号）、规模、范围、时限及有关责任人、安全控制措施等内容。

从事农业转基因生物生产和加工的单位和个人以及进口的单位，应当按照农业转基因生物安全证书的要求开展工作并履行安全证书规定的相关义务。

第二十六条　从中华人民共和国境外引进农业转基因生物，或者向中华人民共和国出口农业转基因生物的，应当按照《农业转基因生物进口安全管理办法》的规定提供相应的安全评价材料，并在申请安全证书时按要求提交农业转基因生物样品、对照样品及检测方法。

第二十七条　农业转基因生物安全评价受理审批机构的工作人员和参与审查的专家，应当为申报者保守技术秘密和商业秘密，与本人及其近亲属有利害关系的应当回避。

第四章　技术检测管理

第二十八条　农业农村部根据农业转基因生物安全评价及其管理工作的需要，委托具备检测条件和能力的技术检测机构进行检测。

第二十九条　技术检测机构应当具备下列基本条件：

（一）具有公正性和权威性，设有相对独立的机构和专职人员；

（二）具备与检测任务相适应的、符合国家标准（或行业标准）的仪器设备和检测手段；

（三）严格执行检测技术规范，出具的检测数据准确可靠；

（四）有相应的安全控制措施。

第三十条　技术检测机构的职责任务：

（一）为农业转基因生物安全管理和评价提供技术服务；

（二）承担农业农村部或申请人委托的农业转基因生物定性定量检验、鉴定和复查任务；

（三）出具检测报告，做出科学判断；

（四）研究检测技术与方法，承担或参与评价标准和技术法规的制修订工作；

（五）检测结束后，对用于检测的样品应当安全销毁，不得保留；

（六）为委托人和申请人保守技术秘密和商业秘密。

第五章　监督管理与安全监控

第三十一条　农业农村部负责农业转基因生物安全的监督管理，指导不同生态类型区域的农业转基因生物安全监控和监测工作，建立全国农业转基因生物安全监管和监测体系。

第三十二条　县级以上地方各级人民政府农业农村主管部门按照《条例》第三十八条和第三十九条的规定负责本行政区域内的农业转基因生物安

全的监督管理工作。

第三十三条 有关单位和个人应当按照《条例》第四十条的规定，配合农业农村主管部门做好监督检查工作。

第三十四条 从事农业转基因生物试验、生产的单位，应当接受农业农村主管部门的监督检查，并在每年 3 月 31 日前，向试验、生产所在地省级和县级人民政府农业农村主管部门提交上一年度试验、生产总结报告。

第三十五条 从事农业转基因生物试验和生产的单位，应当根据本办法的规定确定安全控制措施和预防事故的紧急措施，做好安全监督记录，以备核查。

安全控制措施包括物理控制、化学控制、生物控制、环境控制和规模控制等（见附录Ⅳ）。

第三十六条 安全等级Ⅱ、Ⅲ、Ⅳ的转基因生物，在废弃物处理和排放之前应当采取可靠措施将其销毁、灭活，以防止扩散和污染环境。发现转基因生物扩散、残留或者造成危害的，必须立即采取有效措施加以控制、消除，并向当地农业农村主管部门报告。

第三十七条 农业转基因生物在贮存、转移、运输和销毁、灭活时，应当采取相应的安全管理和防范措施，具备特定的设备或场所，指定专人管理并记录。

第三十八条 发现农业转基因生物对人类、动植物和生态环境存在危险时，农业农村部有权宣布禁止生产、加工、经营和进口，收回农业转基因生物安全证书，由货主销毁有关存在危险的农业转基因生物。

第六章 罚 则

第三十九条 违反本办法规定，从事安全等级Ⅲ、Ⅳ的农业转基因生物实验研究或者从事农业转基因生物中间试验，未向农业农村部报告的，按照《条例》第四十二条的规定处理。

第四十条 违反本办法规定，未经批准擅自从事环境释放、生产性试验的，或已获批准但未按照规定采取安全管理防范措施的，或者超过批准范围和期限进行试验的，按照《条例》第四十三条的规定处罚。

第四十一条 违反本办法规定，在生产性试验结束后，未取得农业转基因生物安全证书，擅自将农业转基因生物投入生产和应用的，按照《条例》第四十四条的规定处罚。

第四十二条　假冒、伪造、转让或者买卖农业转基因生物安全证书、审批书以及其他批准文件的，按照《条例》第五十一条的规定处罚。

第四十三条　违反本办法规定核发农业转基因生物安全审批书、安全证书以及其他批准文件的，或者核发后不履行监督管理职责的，按照《条例》第五十三条的规定处罚。

第七章　附　　则

第四十四条　本办法所用术语及含义如下：

一、基因，系控制生物性状的遗传物质的功能和结构单位，主要指具有遗传信息的 DNA 片段。

二、基因工程技术，包括利用载体系统的重组 DNA 技术以及利用物理、化学和生物学等方法把重组 DNA 分子导入有机体的技术。

三、基因组，系指特定生物的染色体和染色体外所有遗传物质的总和。

四、DNA，系脱氧核糖核酸的英文名词缩写，是贮存生物遗传信息的遗传物质。

五、农业转基因生物，系指利用基因工程技术改变基因组构成，用于农业生产或者农产品加工的动植物、微生物及其产品。

六、目的基因，系指以修饰受体细胞遗传组成并表达其遗传效应为目的的基因。

七、受体生物，系指被导入重组 DNA 分子的生物。

八、种子，系指农作物和林木的种植材料或者繁殖材料，包括籽粒、果实和根、茎、苗、芽、叶等。

九、实验研究，系指在实验室控制系统内进行的基因操作和转基因生物研究工作。

十、中间试验，系指在控制系统内或者控制条件下进行的小规模试验。

十一、环境释放，系指在自然条件下采取相应安全措施所进行的中规模的试验。

十二、生产性试验，系指在生产和应用前进行的较大规模的试验。

十三、控制系统，系指通过物理控制、化学控制和生物控制建立的封闭或半封闭操作体系。

十四、物理控制措施，系指利用物理方法限制转基因生物及其产物在实验区外的生存及扩散，如设置栅栏，防止转基因生物及其产物从实验区逃逸或被人或动物携带至实验区外等。

十五、化学控制措施，系指利用化学方法限制转基因生物及其产物的生存、扩散或残留，如生物材料、工具和设施的消毒。

十六、生物控制措施，系指利用生物措施限制转基因生物及其产物的生存、扩散或残留，以及限制遗传物质由转基因生物向其他生物的转移，如设置有效的隔离区及监控区、清除试验区附近可与转基因生物杂交的物种、阻止转基因生物开花或去除繁殖器官、采用花期不遇等措施，以防止目的基因向相关生物的转移。

十七、环境控制措施，系指利用环境条件限制转基因生物及其产物的生存、繁殖、扩散或残留，如控制温度、水分、光周期等。

十八、规模控制措施，系指尽可能地减少用于试验的转基因生物及其产物的数量或减小试验区的面积，以降低转基因生物及其产物广泛扩散的可能性，在出现预想不到的后果时，能比较彻底地将转基因生物及其产物消除。

第四十五条 本办法由农业农村部负责解释。

第四十六条 本办法自 2022 年 1 月 21 日起施行。1996 年 7 月 10 日农业部发布的第 7 号令《农业转基因生物安全评价管理办法》同时废止。

附录Ⅰ

附录Ⅱ

附录Ⅲ

附录Ⅳ

附录Ⅴ

农业转基因生物进口安全管理办法

（2002 年 1 月 5 日农业部令第 9 号公布，2004 年 7 月 1 日农业部令第 38 号、2017 年 11 月 30 日农业部令 2017 年第 8 号修订）

第一章　总　　则

第一条　为了加强对农业转基因生物进口的安全管理，根据《农业转基因生物安全管理条例》（简称《条例》）的有关规定，制定本办法。

第二条　本办法适用于在中华人民共和国境内从事农业转基因生物进口活动的安全管理。

第三条　农业部负责农业转基因生物进口的安全管理工作。国家农业转基因生物安全委员会负责农业转基因生物进口的安全评价工作。

第四条　对于进口的农业转基因生物，按照用于研究和试验的、用于生产的以及用作加工原料的三种用途实行管理。

第二章　用于研究和试验的农业转基因生物

第五条　从中华人民共和国境外引进安全等级Ⅰ、Ⅱ的农业转基因生物进行实验研究的，引进单位应当向农业转基因生物安全管理办公室提出申请，并提供下列材料：

（一）农业部规定的申请资格文件；

（二）进口安全管理登记表（见附件）；

（三）引进农业转基因生物在国（境）外已经进行了相应的研究的证明文件；

（四）引进单位在引进过程中拟采取的安全防范措施。

经审查合格后，由农业部颁发农业转基因生物进口批准文件。引进单位应当凭此批准文件依法向有关部门办理相关手续。

第六条　从中华人民共和国境外引进安全等级Ⅲ、Ⅳ的农业转基因生物进行实验研究的和所有安全等级的农业转基因生物进行中间试验的，引进单位应当向农业部提出申请，并提供下列材料：

（一）农业部规定的申请资格文件；

（二）进口安全管理登记表（见附件）；

（三）引进农业转基因生物在国（境）外已经进行了相应研究或试验的证明文件；

（四）引进单位在引进过程中拟采取的安全防范措施；

（五）《农业转基因生物安全评价管理办法》规定的相应阶段所需的材料。经审查合格后，由农业部颁发农业转基因生物进口批准文件。引进单位应当凭此批准文件依法向有关部门办理相关手续。

第七条　从中华人民共和国境外引进农业转基因生物进行环境释放和生产性试验的，引进单位应当向农业部提出申请，并提供下列材料：

（一）农业部规定的申请资格文件；

（二）进口安全管理登记表（见附件）；

（三）引进农业转基因生物在国（境）外已经进行了相应的研究的证明文件；

（四）引进单位在引进过程中拟采取的安全防范措施；

（五）《农业转基因生物安全评价管理办法》规定的相应阶段所需的材料。经审查合格后，由农业部颁发农业转基因生物安全审批书。引进单位应当凭此审批书依法向有关部门办理相关手续。

第八条　从中华人民共和国境外引进农业转基因生物用于试验的，引进单位应当从中间试验阶段开始逐阶段向农业部申请。

第三章　用于生产的农业转基因生物

第九条　境外公司向中华人民共和国出口转基因植物种子、种畜禽、水产苗种和利用农业转基因生物生产的或者含有农业转基因生物成分的植物种子、种畜禽、水产苗种、农药、兽药、肥料和添加剂等拟用于生产应用的，应当向农业部提出申请，并提供下列材料：

（一）进口安全管理登记表（见附件）；

（二）输出国家或者地区已经允许作为相应用途并投放市场的证明文件；

（三）输出国家或者地区经过科学试验证明对人类、动植物、微生物和生态环境无害的资料；

（四）境外公司在向中华人民共和国出口过程中拟采取的安全防范措施；

（五）《农业转基因生物安全评价管理办法》规定的相应阶段所需的材料。

第十条 境外公司在提出上述申请时，应当在中间试验开始前申请，经审批同意，试验材料方可入境，并依次经过中间试验、环境释放、生产性试验三个试验阶段以及农业转基因生物安全证书申领阶段。

中间试验阶段的申请，经审查合格后，由农业部颁发农业转基因生物进口批准文件，境外公司凭此批准文件依法向有关部门办理相关手续。环境释放和生产性试验阶段的申请，经安全评价合格后，由农业部颁发农业转基因生物安全审批书，境外公司凭此审批书依法向有关部门办理相关手续。安全证书的申请，经安全评价合格后，由农业部颁发农业转基因生物安全证书，境外公司凭此证书依法向有关部门办理相关手续。

第十一条 引进的农业转基因生物在生产应用前，应取得农业转基因生物安全证书，方可依照有关种子、种畜禽、水产苗种、农药、兽药、肥料和添加剂等法律、行政法规的规定办理相应的审定、登记或者评价、审批手续。

第四章 用作加工原料的农业转基因生物

第十二条 境外公司向中华人民共和国出口农业转基因生物用作加工原料的，应当向农业部申请领取农业转基因生物安全证书。

第十三条 境外公司提出上述申请时，应当按照相关安全评价指南的要求提供下列材料：

（一）进口安全管理登记表（见附件）；

（二）安全评价申报书（见《农业转基因生物安全评价管理办法》附录Ⅴ）；

（三）输出国家或者地区已经允许作为相应用途并投放市场的证明文件；

（四）输出国家或者地区经过科学试验证明对人类、动植物、微生物和生态环境无害的资料；

（五）按要求提交农业转基因生物样品、对照样品及检测所需的试验材料、检测方法；

（六）境外公司在向中华人民共和国出口过程中拟采取的安全防范措施。

农业部收到申请后，应当组织农业转基因生物安全委员会进行安全评价，并委托具备检测条件和能力的技术检测机构进行检测；安全评价合格的，经农业部批准后，方可颁发农业转基因生物安全证书。

第十四条 在申请获得批准后，再次向中华人民共和国提出申请时，符合同一公司、同一农业转基因生物条件的，可简化安全评价申请手续，并提供以下材料：

（一）进口安全管理登记表（见附件）；

（二）农业部首次颁发的农业转基因生物安全证书复印件；

（三）境外公司在向中华人民共和国出口过程中拟采取的安全防范措施。

经审查合格后，由农业部颁发农业转基因生物安全证书。

第十五条 境外公司应当凭农业部颁发的农业转基因生物安全证书，依法向有关部门办理相关手续。

第十六条 进口用作加工原料的农业转基因生物如果具有生命活力，应当建立进口档案，载明其来源、贮存、运输等内容，并采取与农业转基因生物相适应的安全控制措施，确保农业转基因生物不进入环境。

第十七条 向中国出口农业转基因生物直接用作消费品的，依照向中国出口农业转基因生物用作加工原料的审批程序办理。

第五章　一般性规定

第十八条 农业部应当自收到申请人申请之日起 270 日内做批准或者不批准的决定，并通知申请人。

第十九条 进口农业转基因生物用于生产或用作加工原料的，应当在取得农业部颁发的农业转基因生物安全证书后，方能签订合同。

第二十条 进口农业转基因生物，没有国务院农业行政主管部门颁发的农业转基因生物安全证书和相关批准文件的，或者与证书、批准文件不符的，作退货或者销毁处理。

第二十一条 本办法由农业部负责解释。

第二十二条 本办法自 2002 年 3 月 20 日起施行。

附件

农业转基因生物进口安全管理登记表（直接用作消费品）

商品一般资料	商品名称		商品编码	
	物理状态		包装方式	
	储存方式		运输工具	
	是否具有生命活力	□ 具有　　　□ 不具有		
转基因生物的一般资料	生物名称		产地	
	受体生物	中文名	学名	
		起源或原产地		
	目的基因	名称	供体生物或来源	
		功能特性		
	研发公司			
	农业转基因生物安全证书（进口）编号			
	产地国批准的文件	编号		
		审批机构		
		有效期		
		用途		
境外贸易商情况	国家（地区）			
	单位名称			
	主要经营活动			
	联系方式	电话	传真	
		电子邮箱	联系人	
		通讯地址		

（续）

境内贸易商情况	单位名称				
	主要经营活动				
	联系方式	电话		传真	
		电子邮箱		联系人	
		通讯地址	省　市　区　路　号		
境外贸易商法人代表	（签字） （单位公章）		境内贸易商法人代表	（签字） （单位公章）	
申请时间					
备注					

农业转基因生物进口安全管理登记表（用作加工原料）

商品一般资料	商品名称			商品编码	
	物理状态			包装方式	
	储存方式			运输工具	
	是否具有生命活力	□ 具有		□ 不具有	
转基因生物的一般资料	受体生物	中文名		学名	
	目的基因	名称		功能特性	
	转化体				
	产地				
	研发商				
	中国批准文件编号				
	产地国批准的文件	编号			
		审批机构			
		有效期			
		用途			
境外贸易商情况	国家（地区）				
	单位名称				
	主要经营活动				
	联系方式	电话		传真	
		电子邮箱		联系人	
		通讯地址			

（续）

境内贸易商情况	单位名称				
	主要经营活动				
	联系方式	电话		传真	
		电子邮箱		联系人	
		通讯地址			
产品拟流向情况					
境外贸易商 法人代表	（签字） （单位公章）		境内贸易商 法人代表	（签字） （单位公章）	
申请时间					
备注					

农业转基因生物进口安全证书申请表

<table>
<tr><td rowspan="3">项目概况</td><td>项目名称</td><td colspan="6"></td></tr>
<tr><td>项目来源</td><td colspan="6"></td></tr>
<tr><td>进口用途和状态</td><td colspan="6"></td></tr>
<tr><td rowspan="24">转基因
生物概况</td><td colspan="2">类别</td><td colspan="5">动物□　　植物□　　微生物□（选√）</td></tr>
<tr><td colspan="2">转基因生物名称</td><td colspan="5"></td></tr>
<tr><td rowspan="2">受体生物</td><td>中文名</td><td></td><td>学名</td><td colspan="3"></td></tr>
<tr><td>分类
学地位</td><td></td><td>品种（品系）
名称</td><td></td><td>安全等级</td><td></td></tr>
<tr><td rowspan="3">目的基因1</td><td>名称</td><td></td><td>供体生物</td><td colspan="3"></td></tr>
<tr><td>生物学功能</td><td colspan="5"></td></tr>
<tr><td>启动子</td><td></td><td>终止子</td><td colspan="3"></td></tr>
<tr><td rowspan="3">目的基因2</td><td>名称</td><td></td><td>供体生物</td><td colspan="3"></td></tr>
<tr><td>生物学功能</td><td colspan="5"></td></tr>
<tr><td>启动子</td><td></td><td>终止子</td><td colspan="3"></td></tr>
<tr><td>载体1</td><td colspan="2"></td><td>供体生物</td><td colspan="3"></td></tr>
<tr><td rowspan="2">标记基因1</td><td>名称</td><td></td><td>供体生物</td><td colspan="3"></td></tr>
<tr><td>启动子</td><td></td><td>终止子</td><td colspan="3"></td></tr>
<tr><td rowspan="2">报告基因1</td><td>名称</td><td></td><td>供体生物</td><td colspan="3"></td></tr>
<tr><td>启动子</td><td></td><td>终止子</td><td colspan="3"></td></tr>
<tr><td rowspan="2">调控序列1</td><td>名称</td><td></td><td>来源</td><td colspan="3"></td></tr>
<tr><td>功能</td><td colspan="5"></td></tr>
<tr><td colspan="2">转基因方法</td><td colspan="2"></td><td>基因操作类型</td><td colspan="2"></td></tr>
<tr><td colspan="2">转基因生物
安全等级</td><td colspan="2"></td><td>转基因生物产品安全等级</td><td colspan="2"></td></tr>
<tr><td rowspan="6">境外批准
情况</td><td rowspan="3">国家
（地区）1</td><td>审批机构</td><td colspan="4"></td></tr>
<tr><td>批准文件编码</td><td colspan="4"></td></tr>
<tr><td>批准用途和有效期</td><td colspan="4"></td></tr>
<tr><td rowspan="3">国家
（地区）2</td><td>审批机构</td><td colspan="4"></td></tr>
<tr><td>批准文件编码</td><td colspan="4"></td></tr>
<tr><td>批准用途和有效期</td><td colspan="4"></td></tr>
</table>

（续）

拟申请使用年限				
申请单位概况	单位名称		地址	
	邮编		电话	
	传真		电子邮件	
	单位性质	境内单位（事业□企业□　中外合作□中外合资□外商独资□）境外单位（企业□其他□）（选✓）		
	申请人姓名		电话	
	传真		电子邮箱	
	联系人姓名		电话	
	传真		电子邮箱	
研制单位概况	单位名称		法人代表	
	联系人姓名		电话	
	传真		电子邮箱	
	何时何地曾从事何种基因工程工作			

注：1. 如果"标记基因"或"报告基因"已删除，应在表中标注。

　　2. 申请人指所申请项目的安全监管具体负责人。

农业转基因生物试验申请表

<table>
<tr><td rowspan="3">项目概况</td><td>项目名称</td><td colspan="4"></td></tr>
<tr><td>项目阶段</td><td colspan="4">实验研究□　中间试验□　环境释放□　生产性试验□（选√）</td></tr>
<tr><td>项目来源</td><td colspan="4"></td></tr>
<tr><td rowspan="21">转基因生物概况</td><td>类别</td><td colspan="4">动物□　　植物□　　微生物□（选√）</td></tr>
<tr><td rowspan="3">受体生物</td><td>中文名</td><td></td><td>学名</td><td></td></tr>
<tr><td>分类学地位</td><td></td><td>品种（品系）名称</td><td></td></tr>
<tr><td></td><td></td><td></td><td>安全等级</td></tr>
<tr><td rowspan="3">目的基因1</td><td>名称</td><td></td><td>供体生物</td><td></td></tr>
<tr><td>生物学功能</td><td colspan="3"></td></tr>
<tr><td>启动子</td><td></td><td>终止子</td><td></td></tr>
<tr><td rowspan="3">目的基因2</td><td>名称</td><td></td><td>供体生物</td><td></td></tr>
<tr><td>生物学功能</td><td colspan="3"></td></tr>
<tr><td>启动子</td><td></td><td>终止子</td><td></td></tr>
<tr><td>载体1</td><td colspan="2"></td><td>供体生物</td><td></td></tr>
<tr><td rowspan="2">标记基因1</td><td>名称</td><td></td><td>供体生物</td><td></td></tr>
<tr><td>启动子</td><td></td><td>终止子</td><td></td></tr>
<tr><td rowspan="2">报告基因1</td><td>名称</td><td></td><td>供体生物</td><td></td></tr>
<tr><td>启动子</td><td></td><td>终止子</td><td></td></tr>
<tr><td rowspan="2">调控序列1</td><td>名称</td><td></td><td>来源</td><td></td></tr>
<tr><td>功能</td><td colspan="3"></td></tr>
<tr><td>转基因方法</td><td></td><td colspan="2">基因操作类型</td><td></td></tr>
<tr><td>转基因生物名称</td><td></td><td colspan="2">转基因生物个数</td><td></td></tr>
<tr><td>转基因生物安全等级</td><td></td><td colspan="2">转基因生物产品安全等级</td><td></td></tr>
<tr><td rowspan="6">试验情况</td><td rowspan="3">试验1</td><td>起始时间</td><td>结束时间</td><td colspan="2">规模</td></tr>
<tr><td></td><td></td><td colspan="2"></td></tr>
<tr><td>地点</td><td colspan="3"></td></tr>
<tr><td rowspan="3">试验2</td><td>起始时间</td><td>结束时间</td><td colspan="2">规模</td></tr>
<tr><td></td><td></td><td colspan="2"></td></tr>
<tr><td>地点</td><td colspan="3"></td></tr>
</table>

（续）

申请单位概况	单位名称		地址	
	邮编		电话	
	传真		电子邮件	
	单位性质	境内单位（事业□企业□ 中外合资□ 外商独资□） 境外单位（企业□ 其他□）（选√）		
	申请人姓名		电话	
	传真		电子邮箱	
	联系人姓名		电话	
	传真		电子邮箱	

注：1. 申请农业转基因生物实验研究的，"受体生物品种（品系）名称、目的基因启动子和终止子、载体、标记基因、报告基因、调控序列、转基因生物品系（株系）"栏目不用填写。

2. 如果"标记基因"或"报告基因"已删除，应在表中标注。

3. 申请人指所申请项目的安全监管具体负责人。

农业转基因生物进口安全管理登记表（用于材料入境）

商品一般资料	商品名称		商品编码		数量	
	物理状态		包装方式		储存方式	
	运输工具		输出地			
	进口用途	1. 用于研究、试验□　2. 用于生产的评价试验□ 3. 用于加工原料申请的试验□　4. 其他□				
	是否具有活性					
	发货方			收货方		
转基因生物的一般资料	受体生物	中文名			学　名	
		起源或原产地				
	目的基因	名称			供体生物或来源	
		生物学功能				
	产地国批准文件	编号				
		审批机构				
		有效期				
		用途				
	有否被拒绝批准的记录				否	
申请单位情况	国家（地区）					
	单位名称					
	主要经营活动					
	联系方式	联系人		电话		
		传真		电子邮箱		
		通讯地址				
申请单位法人代表	（签字）　　　　　　　　　（单位公章）					
申请时间						

农业转基因生物标识管理办法

（2002 年 1 月 5 日农业部令第 10 号公布，2004 年 7 月 1 日农业部令第 38 号、2017 年 11 月 30 日农业部令 2017 年第 8 号修订）

第一条　为了加强对农业转基因生物的标识管理，规范农业转基因生物的销售行为，引导农业转基因生物的生产和消费，保护消费者的知情权，根据《农业转基因生物安全管理条例》（简称《条例》）的有关规定，制定本办法。

第二条　国家对农业转基因生物实行标识制度。实施标识管理的农业转基因生物目录，由国务院农业行政主管部门商国务院有关部门制定、调整和公布。

第三条　在中华人民共和国境内销售列入农业转基因生物标识目录的农业转基因生物，必须遵守本办法。

凡是列入标识管理目录并用于销售的农业转基因生物，应当进行标识；未标识和不按规定标识的，不得进口或销售。

第四条　农业部负责全国农业转基因生物标识的监督管理工作。

县级以上地方人民政府农业行政主管部门负责本行政区域内的农业转基因生物标识的监督管理工作。

国家质检总局负责进口农业转基因生物在口岸的标识检查验证工作。

第五条　列入农业转基因生物标识目录的农业转基因生物，由生产、分装单位和个人负责标识；经营单位和个人拆开原包装进行销售的，应当重新标识。

第六条　标识的标注方法：

（一）转基因动植物（含种子、种畜禽、水产苗种）和微生物，转基因动植物、微生物产品，含有转基因动植物、微生物或者其产品成分的种子、种畜禽、水产苗种、农药、兽药、肥料和添加剂等产品，直接标注"转基因××"。

（二）转基因农产品的直接加工品，标注为"转基因××加工品（制成品）"或者"加工原料为转基因××"。

（三）用农业转基因生物或用含有农业转基因生物成分的产品加工制成的产品，但最终销售产品中已不再含有或检测不出转基因成分的产品，标注为"本产品为转基因××加工制成，但本产品中已不再含有转基因成分"或者标注为"本产品加工原料中有转基因××，但本产品中已不再含有转基因成分"。

第七条 农业转基因生物标识应当醒目，并和产品的包装、标签同时设计和印制。

难以在原有包装、标签上标注农业转基因生物标识的，可采用在原有包装、标签的基础上附加转基因生物标识的办法进行标注，但附加标识应当牢固、持久。

第八条 难以用包装物或标签对农业转基因生物进行标识时，可采用下列方式标注：

（一）难以在每个销售产品上标识的快餐业和零售业中的农业转基因生物，可以在产品展销（示）柜（台）上进行标识，也可以在价签上进行标识或者设立标识板（牌）进行标识。

（二）销售无包装和标签的农业转基因生物时，可以采取设立标识板（牌）的方式进行标识。

（三）装在运输容器内的农业转基因生物不经包装直接销售时，销售现场可以在容器上进行标识，也可以设立标识板（牌）进行标识。

（四）销售无包装和标签的农业转基因生物，难以用标识板（牌）进行标注时，销售者应当以适当的方式声明。

（五）进口无包装和标签的农业转基因生物，难以用标识板（牌）进行标注时，应当在报检（关）单上注明。

第九条 有特殊销售范围要求的农业转基因生物，还应当明确标注销售的范围，可标注为"仅限于××销售（生产、加工、使用）"。

第十条 农业转基因生物标识应当使用规范的中文汉字进行标注。

第十一条 销售农业转基因生物的经营单位和个人在进货时，应当对货物和标识进行核对。

第十二条 违反本办法规定的，按《条例》第五十条规定予以处罚。

第十三条 本办法由农业部负责解释。

第十四条 本办法自 2002 年 3 月 20 日起施行。

附件

第一批实施标识管理的农业转基因生物目录

1. 大豆种子、大豆、大豆粉、大豆油、豆粕
2. 玉米种子、玉米、玉米油、玉米粉（含税号为 11022000、11031300、11042300 的玉米粉）
3. 油菜种子、油菜籽、油菜籽油、油菜籽粕
4. 棉花种子
5. 番茄种子、鲜番茄、番茄酱

农业转基因生物加工审批办法

（2006 年 1 月 27 日农业部令第 59 号公布，2019
年 4 月 25 日农业农村部令 2019 年第 2 号修订）

第一条 为了加强农业转基因生物加工审批管理，根据《农业转基因生物安全管理条例》的有关规定，制定本办法。

第二条 本办法所称农业转基因生物加工，是指以具有活性的农业转基因生物为原料，生产农业转基因生物产品的活动。

前款所称农业转基因生物产品，是指《农业转基因生物安全管理条例》第三条第（二）、（三）项所称的转基因动植物、微生物产品和转基因农产品的直接加工品。

第三条 在中华人民共和国境内从事农业转基因生物加工的单位和个人，应当取得加工所在地省级人民政府农业行政主管部门颁发的《农业转基因生物加工许可证》（以下简称《加工许可证》）。

第四条 从事农业转基因生物加工的单位和个人，除应当符合有关法律、法规规定的设立条件外，还应当具备下列条件：

（一）与加工农业转基因生物相适应的专用生产线和封闭式仓储设施；

（二）加工废弃物及灭活处理的设备和设施；

（三）农业转基因生物与非转基因生物原料加工转换污染处理控制措施；

（四）完善的农业转基因生物加工安全管理制度。包括：

1. 原料采购、运输、贮藏、加工、销售管理档案；

2. 岗位责任制度；

3. 农业转基因生物扩散等突发事件应急预案；

4. 农业转基因生物安全管理小组，具备农业转基因生物安全知识的管理人员、技术人员。

第五条 申请《加工许可证》应当向省级人民政府农业行政主管部门提

出，并提供下列材料：

（一）农业转基因生物加工许可证申请表（见附件）；

（二）农业转基因生物加工安全管理制度文本；

（三）农业转基因生物安全管理小组人员名单和专业知识、学历证明；

（四）农业转基因生物安全法规和加工安全知识培训记录；

（五）农业转基因生物产品标识样本。

第六条　省级人民政府农业行政主管部门应当自受理申请之日起 20 个工作日内完成审查。审查符合条件的，发给《加工许可证》，并及时向农业部备案；不符合条件的，应当书面通知申请人并说明理由。

省级人民政府农业行政主管部门可以根据需要组织专家小组对申请材料进行评审，专家小组可以进行实地考察，并在农业行政主管部门规定的期限内提交考察报告。

第七条　《加工许可证》有效期为三年。期满后需要继续从事加工的，持证单位和个人应当在期满前六个月，重新申请办理《加工许可证》。

第八条　从事农业转基因生物加工的单位和个人变更名称的，应当申请换发《加工许可证》。

从事农业转基因生物加工的单位和个人有下列情形之一的，应当重新办理《加工许可证》：

（一）超出原《加工许可证》规定的加工范围的；

（二）改变生产地址的，包括异地生产和设立分厂。

第九条　违反本办法规定的，依照《农业转基因生物安全管理条例》的有关规定处罚。

第十条　《加工许可证》由农业部统一印制。

第十一条　本办法自 2006 年 7 月 1 日起施行。

附件

农业转基因生物加工许可证申请表

申请时间：　　年　　月　　日

申请单位名称		机构代码	
地址		邮编	
E－MAIL		传真	
企业性质		成立时间	
法人代表	联系人	电话	
联营或建分场情况			
转基因生物原料名称		原料来源（产地、国别）	
产品名称（种类）			
用途		标识情况	
产品流向		上年度加工量	
申请单位意见	法人代表（签字或盖章） 　　年　　月　　日		
专家小组意见	盖章 　　年　　月　　日		
省级农业行政主管部门审批意见	盖章 　　年　　月　　日		

有关生物育种的重要法规、文件节选

第七条 转基因植物品种的选育、试验、审定和推广应当进行安全性评价，并采取严格的安全控制措施。国务院农业农村、林业草原主管部门应当加强跟踪监管并及时公告有关转基因植物品种审定和推广的信息。具体办法由国务院规定。

第十二条 国家支持科研院所及高等院校重点开展育种的基础性、前沿性和应用技术研究以及生物育种技术研究，支持常规作物、主要造林树种育种和无性繁殖材料选育等公益性研究。

国家鼓励种子企业充分利用公益性研究成果，培育具有自主知识产权的优良品种；鼓励种子企业与科研院所及高等院校构建技术研发平台，开展主要粮食作物、重要经济作物育种攻关，建立以市场为导向、利益共享、风险共担的产学研相结合的种业技术创新体系。

国家加强种业科技创新能力建设，促进种业科技成果转化，维护种业科技人员的合法权益。

（《中华人民共和国种子法》，2021 年修订版）

第三十四条 国家加强对生物技术研究、开发与应用活动的安全管理，禁止从事危及公众健康、损害生物资源、破坏生态系统和生物多样性等危害生物安全的生物技术研究、开发与应用活动。

从事生物技术研究、开发与应用活动，应当符合伦理原则。

第三十五条 从事生物技术研究、开发与应用活动的单位应当对本单位生物技术研究、开发与应用的安全负责，采取生物安全风险防控措施，制定生物安全培训、跟踪检查、定期报告等工作制度，强化过程管理。

第三十六条 国家对生物技术研究、开发活动实行分类管理。根据对公众健康、工业农业、生态环境等造成危害的风险程度，将生物技术研究、开发活动分为高风险、中风险、低风险三类。

生物技术研究、开发活动风险分类标准及名录由国务院科学技术、卫生健康、农业农村等主管部门根据职责分工，会同国务院其他有关部门制定、调整并公布。

第三十七条 从事生物技术研究、开发活动，应当遵守国家生物技术研究开发安全管理规范。

从事生物技术研究、开发活动，应当进行风险类别判断，密切关注风险变化，及时采取应对措施。

第三十八条 从事高风险、中风险生物技术研究、开发活动，应当由在我国境内依法成立的法人组织进行，并依法取得批准或者进行备案。

从事高风险、中风险生物技术研究、开发活动，应当进行风险评估，制定风险防控计划和生物安全事件应急预案，降低研究、开发活动实施的风险。

第三十九条 国家对涉及生物安全的重要设备和特殊生物因子实行追溯管理。购买或者引进列入管控清单的重要设备和特殊生物因子，应当进行登记，确保可追溯，并报国务院有关部门备案。

个人不得购买或者持有列入管控清单的重要设备和特殊生物因子。

第四十条 从事生物医学新技术临床研究，应当通过伦理审查，并在具备相应条件的医疗机构内进行；进行人体临床研究操作的，应当由符合相应条件的卫生专业技术人员执行。

第四十一条 国务院有关部门依法对生物技术应用活动进行跟踪评估，发现存在生物安全风险的，应当及时采取有效补救和管控措施。

（《中华人民共和国生物安全法》，2020 年 10 月 17 日）

加强以分子育种为重点的基础研究和生物技术开发。

加快发展现代种业和农业机械化。建立以企业为主体的育种创新体系，推进种业人才、资源、技术向企业流动，做大做强育繁推一体化种子企业，培育推广一批高产、优质、抗逆、适应机械化生产的突破性新品种。推行种子企业委托经营制度，强化种子全程可追溯管理。

（中共中央、国务院《关于全面深化农村改革加快推进农业
现代化的若干意见》，2014 年 1 月 2 日）

加大对生猪、奶牛、肉牛、肉羊标准化规模养殖场（小区）建设支持力度，实施畜禽良种工程，加快推进规模化、集约化、标准化畜禽养殖，增强

畜牧业竞争力。

加快农业科技创新，在生物育种、智能农业、农机装备、生态环保等领域取得重大突破。

积极推进种业科研成果权益分配改革试点，完善成果完成人分享制度。继续实施种子工程，推进海南、甘肃、四川三大国家级育种制种基地建设。

加强农业转基因生物技术研究、安全管理、科学普及。

（中共中央、国务院《关于加大改革创新力度加快农业现代化建设的若干意见》，2015 年 2 月 1 日）

统筹协调各类农业科技资源，建设现代农业产业科技创新中心，实施农业科技创新重点专项和工程，重点突破生物育种、农机装备、智能农业、生态环保等领域关键技术。

加强农业转基因技术研发和监管，在确保安全的基础上慎重推广。

加快推进现代种业发展。大力推进育繁推一体化，提升种业自主创新能力，保障国家种业安全。深入推进种业领域科研成果权益分配改革，探索成果权益分享、转移转化和科研人员分类管理机制。实施现代种业建设工程和种业自主创新重大工程。全面推进良种重大科研联合攻关，培育和推广适应机械化生产、优质高产多抗广适新品种，加快主要粮食作物新一轮品种更新换代。加快推进海南、甘肃、四川国家级育种制种基地和区域性良种繁育基地建设。强化企业育种创新主体地位，加快培育具有国际竞争力的现代种业企业。实施畜禽遗传改良计划，加快培育优异畜禽新品种。开展种质资源普查，加大保护利用力度。贯彻落实种子法，全面推进依法治种。加大种子打假护权力度。

（中共中央、国务院《关于落实发展新理念加快农业现代化实现全面小康目标的若干意见》，2015 年 12 月 31 日）

加快品种改良，大力发展牛羊等草食畜牧业。

加大实施种业自主创新重大工程和主要农作物良种联合攻关力度，加快适宜机械化生产、优质高产多抗广适新品种选育。

（中共中央、国务院《关于深入推进农业供给侧结构性改革加快培育农业农村发展新动能的若干意见》，2016 年 12 月 31 日）

加快建设国家农业科技创新体系，加强面向全行业的科技创新基地建设。深化农业科技成果转化和推广应用改革。加快发展现代农作物、畜禽、水产、林木种业，提升自主创新能力。高标准建设国家南繁育种基地。

（中共中央、国务院《关于实施乡村振兴战略的意见》，

2018 年 1 月 2 日）

稳定粮食产量。毫不放松抓好粮食生产，推动藏粮于地、藏粮于技落实落地，确保粮食播种面积稳定在 16.5 亿亩。稳定完善扶持粮食生产政策举措，挖掘品种、技术、减灾等稳产增产潜力，保障农民种粮基本收益。

调整优化农业结构。支持长江流域油菜生产，推进新品种新技术示范推广和全程机械化。

加快突破农业关键核心技术。强化创新驱动发展，实施农业关键核心技术攻关行动，培育一批农业战略科技创新力量，推动生物种业、重型农机、智慧农业、绿色投入品等领域自主创新。继续组织实施水稻、小麦、玉米、大豆和畜禽良种联合攻关，加快选育和推广优质草种。

（中共中央、国务院《关于坚持农业农村优先发展做好"三农"

工作的若干意见》，2019 年 1 月 3 日）

加大对大豆高产品种和玉米、大豆间作新农艺推广的支持力度。

加强农业关键核心技术攻关，部署一批重大科技项目，抢占科技制高点。加强农业生物技术研发，大力实施种业自主创新工程，实施国家农业种质资源保护利用工程，推进南繁科研育种基地建设。

（中共中央、国务院《关于抓好"三农"领域重点工作确保如

期实现全面小的意见》，2020 年 1 月 2 日）

打好种业翻身仗。农业现代化，种子是基础。加强农业种质资源保护开发利用，加快第三次农作物种质资源、畜禽种质资源调查收集，加强国家作物、畜禽和海洋渔业生物种质资源库建设。对育种基础性研究以及重点育种项目给予长期稳定支持。加快实施农业生物育种重大科技项目。深入实施农作物和畜禽良种联合攻关。实施新一轮畜禽遗传改良计划和现代种业提升工程。尊重科学、严格监管，有序推进生物育种产业化应用。加强育种领域知识产权保护。支持种业龙头企业建立健全商业化育种体系，加快建设南繁硅

谷，加强制种基地和良种繁育体系建设，研究重大品种研发与推广后补助政策，促进育繁推一体化发展。

（中共中央、国务院《关于全面推进乡村振兴加快农业农村现代化的意见》，2021 年 1 月 4 日）

在事关国家安全和发展全局的基础核心领域，制定实施战略性科学计划和科学工程。瞄准人工智能、量子信息、集成电路、生命健康、脑科学、生物育种、空天科技、深地深海等前沿领域，实施一批具有前瞻性、战略性的国家重大科技项目。从国家急迫需要和长远需求出发，集中优势资源攻关新发突发传染病和生物安全风险防控、医药和医疗设备、关键元器件零部件和基础材料、油气勘探开发等领域关键核心技术。

（《中华人民共和国国民经济和社会发展第十四个五年规划和2035 年远景目标纲要》，2021 年 3 月 12 日）

深入推进育种联合攻关和畜禽遗传改良计划，将耐盐碱育种等纳入攻关范围。探索重大品种研发与推广后补助政策。加快实施农业生物育种重大项目，构建高效精准生物育种技术体系。实施现代种业提升工程，强化制种基地建设。实施南繁硅谷建设规划，加快打造种业创新高地。

（农业农村部《关于落实党中央国务院 2022 年全面推进乡村振兴重点工作部署的实施意见》，农发〔2022〕1 号）

农业部关于进一步加强
转基因作物监管工作的通知

（农科教发〔2016〕3号）

各省、自治区、直辖市农业（农牧、农村经济）厅（局、委、办），新疆生产建设兵团农业局：

转基因是一项高技术，也是一个新产业，具有广阔的发展前景。中央对发展农业转基因提出了明确的要求，在研究上大胆，坚持自主创新；在推广上慎重，做到确保安全；在管理上严格，坚持依法监管。近年来，各级农业行政主管部门高度重视转基因作物监管工作，认真履行职责，严格依法监管，转基因作物监管工作规范有序，但个别违法违规现象仍然存在。为进一步加强转基因作物监管，促进农业转基因作物研究与应用健康发展，现就有关事项通知如下。

一、明确监管重点

（一）加强试验环节监管。严格执行转基因作物中间试验、环境释放和生产性试验依法报告报批制度。按照监管手册全程监管，试验前检查控制措施和制度建设情况，试验中检查安全隔离等措施落实情况，试验结束检查残余物和收获物处理、保存情况，做到监管过程有记录、监管内容有档案、试验材料可溯源。

（二）加强南繁基地监管。加快推进生物育种专区建设，认定一批转基因试验基地。实行准入制度，将转基因试验纳入基地管理，实现对南繁单位检测监测全覆盖。严查在南繁基地私自开展转基因试验和育繁种行为，对违规试验和繁种材料坚决铲除。

（三）加强品种审定环节监管。对申请参加区域试验的玉米、水稻、大豆等品种，申请单位要进行转基因成分检测，试验组织单位要进行转基因成分复检，发现非法含有转基因成分的要立即终止试验。未获得转基因生物安全生产应用证书的品种一律不得进行区域试验和品种审定。

（四）加强制种基地监管。对西北、西南等主要制种和种子生产基地开展拉网式排查，加大种子检测力度，严查亲本来源，防止非法转基因种子下地。加大苗期检测力度，查早查小，发现问题从严从速查处。

（五）加强种子加工经营环节监管。开展种子加工和销售环节转基因成分抽检，严防转基因玉米、水稻、大豆和油菜种子冒充非转基因种子生产经营。下移重心，深入农户，倒查源头，严惩非法生产经营行为。

二、加大查处力度

（一）严把试验研发关。依法开展转基因作物研究试验，严格落实控制措施。对违法开展田间试验（中间试验、环境释放、生产性试验）的研发者，责令其停止试验，依法给予行政处罚，并停止其安全评价申请资格，情节严重的停止相关科研项目，追究单位领导责任。

（二）严把试验品种审定关。加强区域试验品种转基因成分检测，对以转基因品种冒充非转基因品种申请试验审定的，严格按《种子法》及相关配套规定进行处罚。

（三）严把种子生产经营关。生产和经营转基因作物种子必须依法取得生产经营许可证。对违规制种、繁种、销售转基因种子的生产经营者，依法责令停止生产经营，没收违法所得和种子，吊销种子生产经营许可证，构成犯罪的依法移送司法机关，追究刑事责任。

三、强化监管保障

（一）落实主体责任。

落实研发者的主体责任。研发单位要成立转基因生物安全管理小组，健全制度，确保研发活动有章可循。研发人要依法依规开展科研活动，保障安全控制设施和措施到位，中间试验要在具备控制条件的试验基地内进行，环境释放试验和生产性试验要严格按照审批的试验条件进行，保障研发活动可追溯。

落实种子生产经营者的主体责任。严格依法持证生产经营，确保生产经营品种真实合法。加强对制种亲本的转基因成分检测，严防非法生产转基因作物种子。建立健全种子生产经营档案，加强委托、代销种子销售渠道的管理，规范种子标签、包装，保证种子生产经营可追溯。

（二）强化管理责任。

加强属地管理。各级农业行政主管部门是本行政区域内转基因作物的监管主体，主要领导负总责。要严格按照《种子法》《农业转基因生物安全管理条例》要求，认真履行转基因作物监管职责，主动监管，严格执法。科教管理机构承担转基因作物研究试验阶段的监督管理工作；种子管理机构承担转基因作物品种试验审定和种子生产经营监督管理工作；其他有关机构在各自职责范围内开展监管工作。

加强检查督查。将各省转基因作物监管工作纳入农业部延伸绩效考核范围，促进监管工作落到实处。建立转基因作物监管信息报送机制，案件查处信息实行月报制度，没有案件的实行零报告。

加强责任追究。对重点违法违规区域分层级对农业行政主管部门主要负责人进行约谈，并报告政府分管领导。建立问责机制，依法依规追究不作为、乱作为行为的责任。

（三）提升监管能力。

加强监管体系建设。进一步健全监管机构，强化监管职能，充实人员力量，提升人员素质，保障工作经费，构建人财物支持体系。进一步强化技术支撑能力建设，改善仪器设备条件，加强专业队伍建设，提升转基因检测监测技术水平。

推动管理信息化。整合安全评价、试验研究、检测监测管理信息，逐步建立统一、标准、实时、动态的农业转基因生物安全管理信息平台，实现对监管的关键对象、关键过程和关键节点实时跟踪，全面提升监管能力。

（四）加大案件曝光力度。对已结案的违规违法案件，及时在省级以上农业行政主管部门官方网站公布查处结果。对重点案件，适时通报查处进展。

（五）主动接受社会监督。农业部设立专门的举报邮箱和微信公众号，各地也要建立相应的举报平台，鼓励社会各界对非法研发、生产、经营、种植转基因作物的行为进行举报。对于举报的线索，要追根溯源，一查到底，接受群众监督。

各级农业行政主管部门要增强大局意识、责任意识、担当意识，切实将转基因作物监管措施落到实处，促进监管工作制度化、规范化、常态化。

农业部

2016 年 4 月 12 日

农业农村部办公厅关于鼓励农业转基因生物原始创新和规范生物材料转移转让转育的通知

（农办科〔2021〕6 号）

各省、自治区、直辖市农业农村（农牧）厅（局、委），新疆生产建设兵团农业农村局，各有关单位：

为贯彻党的十九届五中全会、2020 年中央经济工作会议、2020 年中央农村工作会议及全国农业农村厅局长会议精神，充分发挥生物育种创新在塑造农业科技竞争新优势中的核心作用，根据《生物安全法》《种子法》《农业转基因生物安全管理条例》等法律法规，进一步促进和规范农业转基因生物研发应用相关活动，有关事项通知如下。

一、**鼓励原始创新，支持高水平研究**。支持从事新基因、新性状、新技术、新产品等创新性强的农业转基因生物研发活动，新研发的农业转基因生物应比同类已获批生产应用安全证书的有所突破、有所创新、有所进步。不支持低水平、同质化研发活动。

二、**强化产品迭代，支持高水平育种**。以生产中的主推品种为基准衡量生物育种水平，鼓励已获生产应用安全证书的农业转基因生物向优良品种转育，转育的品种综合农艺性状应不低于当地主推品种。

三、**发挥市场作用，促进成果转化**。充分发挥市场在资源配置中的决定性作用，研发成果由市场检验。积极开展农业转基因生物生产配套性、市场成熟度、产品竞争力、技术创新性等综合评估，遴选出能够满足生产需要、符合市场需求、引领未来趋势的重大成果，打通由研发到应用的关键环节，加速成果推广应用。

四、**加强主体培育，发挥企业主导作用**。落实企业在农业转基因生物推广应用中的主体地位，支持企业组建创新联合体，促进创新资源互融互促。

引导院所高校的优质农业转基因研发成果按照市场机制向企业集聚。推进转基因研发科企合作，鼓励企业、企业与院所高校联合申报生产应用安全证书，让企业真正成为研发、应用和贸易的主体力量。

五、规范生物材料流动，强化溯源管理。生产性试验以上阶段农业转基因生物材料转移转让转育的，法人单位应提前 30 日向农业农村部农业转基因生物安全管理办公室书面报告，提供去向、用途、溯源管理、责任义务等相关情况及双方拟定的协议文本（格式见附件）。转移转让转育报告纳入农业转基因生物安全评价中安全管理措施审查范围。

六、明确全程责任，压实责任主体。生产应用安全证书所有者承担该农业转基因生物从研发、品种选育、种子生产、种子营销、作物生产贸易到产品退市等全生命周期的生物安全管理主体责任。发生转移转让转育等活动的，应明确并落实相关方责任义务，确保顺向可追踪，逆向可溯源。

农业农村部办公厅

2021 年 2 月 4 日

附件

农业转基因生物材料转移转让转育报告表

<table>
<tr><td>农业转基因
生物研发单位</td><td colspan="5"></td></tr>
<tr><td>农业转基因
生物名称</td><td colspan="3"></td><td>批准文件
编号</td><td></td></tr>
<tr><td rowspan="5">材料去向及
用途</td><td rowspan="2">□转移</td><td colspan="2">地点</td><td colspan="2"></td></tr>
<tr><td colspan="2">是否跨单位转移</td><td colspan="2">注：如跨单位转移，附双方合作协议，明确监管责任和材料用途</td></tr>
<tr><td>□转让</td><td colspan="2">受让单位</td><td colspan="2">注：附转让协议文本</td></tr>
<tr><td rowspan="2">□转育</td><td colspan="2">转育的常规品种</td><td colspan="2">注：应对转育的品种进行详细描述，包括品种审定情况、推广情况等</td></tr>
<tr><td colspan="2">转育的常规品种
是否获得授权</td><td colspan="2">注：附授权协议文本或所属权证明</td></tr>
<tr><td>联系人</td><td colspan="2"></td><td>联系电话</td><td colspan="2"></td></tr>
<tr><td>地址</td><td colspan="2"></td><td>电子邮件</td><td colspan="2"></td></tr>
<tr><td colspan="6">单位意见：

                      法定代表人签字：
                              盖章
                            年   月   日</td></tr>
</table>

2022 年农业转基因生物监管工作方案[①]

2021 年，各级农业农村部门认真贯彻党中央、国务院决策部署，克服新冠肺炎疫情影响，积极推进农业转基因生物监管各项工作落实落地，取得了显著成效。为做好 2022 年农业转基因生物监管工作，制定本方案。

一、工作目标

按照党中央"尊重科学、严格监管，有序推进生物育种产业化应用"的部署要求，着力提升转基因生物监管能力，优化监督管理措施，加强监督检查，严肃案件查处，严厉打击非法制种、非法种植等违法违规行为，确保各项法律法规有效贯彻执行，为生物育种产业化发展营造健康有序的环境。

各省级农业农村部门要统一思想提认识，充分认识严格监管对有序推进生物育种产业化应用的保障作用，将思想认识统一到党中央决策部署上来，切实做到：监管能力上水平，积极推动将农业转基因生物监管工作纳入政府重要议事日程，为事业发展相关支出争取政府专项预算；强化指导增实效，制定印发农业转基因生物监管方案，指导市、县级农业农村部门开展监管工作，指导从业主体办理农业转基因生物加工许可证，加大科普宣传和普法工作力度；严格检查抓落实，对申请农业转基因生物试验的基地检查覆盖率达到 100%，对辖区内农业转基因生物研究试验和加工企业现场检查覆盖率达到 100%，涉及东北粮食生产区、西北西南种子生产基地的相关省份，玉米田间抽样检测工作地级市覆盖率达到 100%。

二、重点任务

（一）加强研究试验监管。报批前核查与报批后检查相结合，严查中间试验是否依法报告，环境释放和生产性试验是否依法批准，基因编辑等新育

---

① 2022 年 2 月 28 日，农业农村部办公厅印发《2022 年农业转基因生物监管工作方案》。本篇文章来源：农业农村部官网，2022 年 2 月 28 日。

种技术研究、中外合作研究试验是否依法开展，各项监督措施是否符合法规要求。同时，对涉农科研育种单位试验基地开展抽样检测，严防非法试验。

（二）**严格南繁基地监管**。开展分类监管，对问题较多的南繁基地，加大抽检密度和频次，对管理规范的南繁基地，可减少检查频次。严查私自开展试验和育繁种行为，坚决铲除违规试验和育繁种材料。提高省际协查联动监管水平，海南省应及时将南繁基地所属育种单位违规情况通报其属地省份并抄报我部，属地省份应对育种单位从严监管，对违规行为责令整改。

（三）**严格品种审定管理**。完善转基因大豆玉米棉花等品种管理，畅通产业化应用通道。严防转基因品种冒充非转基因品种进行审定，对未获得转基因生物生产应用安全证书的一律不得进行区域试验和品种审定。申请单位应确保品种不含未经批准的转基因成分，品种试验组织单位应进行转基因检测，发现含有未经批准转基因成分的，立即终止试验并严肃处理。

（四）**强化种子生产经营监管**。加强对种子生产基地及疑似种子生产田的排查力度，在种子下地前和苗期及时开展检测，查早查小，防止非法转基因种子下地。加大种子加工和经营环节的转基因成分抽检力度，依法严惩非法加工经营行为，防止非法转基因种子流入市场。

（五）**严格进口加工监管**。强化对境外贸易商、境内贸易商和加工企业"三位一体"审查，加强进口农业转基因生物流向监管。严查装卸、储存、运输、加工过程中安全控制措施落实情况，全面核查产品采购、加工、销售、管理等档案记录，严禁改变进口农业转基因生物用途，确保全部用于原料加工。

（六）**做好种植区域跟踪监测**。安排技术人员跟踪监测转基因作物种植区域的病虫害消长、种群结构及其生物多样性变化情况，及时掌握有害生物抗性动态，研究提出应对措施，严防目标害虫转移对其他作物造成危害，防范次要害虫上升危害。

三、工作要求

（一）**压实主体责任**。各省级农业农村部门要依据有关法律法规，通过召开行政指导会、监督检查、政策培训、约谈等方式，督促从事农业转基因生物研发和种子生产加工经营的单位落实主体责任，严格执行监管法定责任和法定措施。要求研发单位及其农业转基因生物安全小组强化自我约束和管理，承担起审查、监督、检查、报告等职责，督促指导本单位研发人员依法依规开展科研活动。要求种子生产加工经营者完善管理责任制度，强化内部人员培训，建立健全种子生产经营档案，确保源头和流向可追溯。

（二）落实属地管理。要敢于执法、严格执法，牢固树立不执法就是失职的观念。要强化部署、协同监管，认真履行农业转基因生物属地监管责任。各级农业农村部门主要负责人应组织专题研究农业转基因生物监管工作，抓推进、重实效，充分确保人员、装备和工作经费等基础保障。

（三）强化检查指导。加大关键时节、重要环节和重点地区检查指导力度，严格落实约谈问责，依法依规严肃追究不作为、乱作为的相关人员责任。坚持监管信息报送机制，案件查处信息实行月报制度，重大案件随时报告，没有案件的零报告。

（四）加大查处力度。全面摸排收集违规线索，及时立案调查，要查清主体，查明责任，依法从严处理，对已办结案件依法做好信息公开，曝光查处结果，形成震慑。要紧抓重点案件不放，深挖线索来源，严查案件源头。鼓励社会各界对违法违规行为进行举报，对群众直接举报和我部转办的监管线索要认真核查，及时反馈办理结果。

四、工作安排

（一）工作部署。各省级农业农村部门要结合本地实际，制定本省份2022年农业转基因生物监管工作方案，明确工作重点、任务分工和工作机制，并于3月底前在本单位官方网站公开。

（二）组织实施。严格落实各项监管措施和工作机制，务求工作实效，确保按时完成农业转基因生物监管各项任务。每月10日前将上个月月度监管信息传真至我部科技教育司。

（三）工作总结。及时总结半年及全年农业转基因生物监管工作，分别于6月20日和12月20日前以正式文件报送我部科技教育司。我部将对监管措施得力、工作落实较好的省份予以表扬，对监管措施不得力、监管信息报送不及时的省份进行批评。

第五部分 5
公众关心问题

美国人和欧洲人到底吃不吃转基因食品？

网络谣传："欧美人生产的转基因农产品全部用来出口，自己根本不吃不用。"这是彻头彻尾的谣言。

事实上，美国不仅是世界上最大的转基因农作物种植国，还是消费转基因农产品最多、最普遍的国家。据美国杂货商协会（GMA）统计，美国市场上流通的加工食品中 75%～80% 都含有转基因成分，比如，常见的食用油、大豆制品、大豆蛋白粉、卵磷脂、玉米糖浆、玉米淀粉等基本都是转基因产品，广泛分布于整个食品生产和消费链。从 2019 年的数据看，美国生产了 9 668 万吨大豆，出口 5 239 万吨，近 50% 在国内消费，主要用作食品原料和饲料原料；生产了 3.61 亿吨玉米，出口 4 157 万吨，80% 以上在国内消费，主要用作食品原料、饲料原料和工业原料。

在美国，92% 的玉米、96% 的棉花、94% 的大豆、99% 的甜菜都是转基因品种。不仅如此，一些新型转基因食品也率先在美国上市，例如防褐化、切开不变色的"北极苹果"，防褐化、减少油炸后致癌物产生的马铃薯，长得比较快的三文鱼等，都已经被摆上了美国人的超市和餐桌。

欧洲也绝不是网传的那样不吃、不用转基因农产品。欧盟每年都会进口大量的转基因农产品，主要是大豆、玉米、棉花、油菜、甜菜及其加工品，仅 2019 年欧盟就消费了近 1 800 万吨大豆，其中 1 500 万吨靠进口来满足，进口量的 85% 以上是转基因大豆，也就是说，转基因大豆占了欧盟大豆总消费量的 70% 以上。欧盟进口转基因农产品主要用于食用油、饲料等的加工，欧盟每年还进口约 25 万吨的转基因大豆油以弥补产需缺口。

抗虫作物虫子吃了会死，人吃了会不会有事？

抗虫作物对虫有害但对人无害，就如同我们视巧克力为美食，而狗吃了却会中毒一样，因为不同动物消化能力不同。其实，生活中还有很多东西是其他物种无福消受，人类却习以为常的。例如，营养丰富的牛油果，鹦鹉吃了却会中毒；即使是人类生存必需的氧气，对于某些厌氧细菌来说也是致命的。

目前的抗虫作物之所以抗虫是因为 Bt 蛋白在发挥作用。Bt 蛋白作为生物杀虫剂，已经在农业生产上应用了 80 多年，广泛用于有机农业生产。科学家将 Bt 基因转入作物使其自身产生 Bt 蛋白，不仅能起到抗虫的效果，同时能够降低劳动强度和劳动成本。

其实，Bt 蛋白只有与特定受体结合才能发挥出抗虫的效果，就像精确制导的导弹只会攻击设定的目标，比如棉铃虫等具有特异性结合受体的害虫。对人类、畜禽和其他没有结合位点的昆虫来说，Bt 蛋白就跟牛奶中的蛋白质、猪肉中的蛋白质、大豆中的蛋白质一样，没有区别。

"一把钥匙开一把锁。"抗虫作物就是为棉铃虫、红铃虫、玉米螟等特定害虫量身定做的。Bt 蛋白就是这样一把专一的"杀虫钥匙"。

转基因食品现在吃了没事，长期吃、多代吃会不会有事？

有人担心长时间吃转基因食品就像长时间接触重金属等有毒物质一样，有毒物质不断在体内累积，到一定程度后，量变引起质变，对健康产生负面影响。其实，这种担心是没有必要的。食品的成分包括蛋白质、脂肪、核酸、碳水化合物等，它们在人体消化道内都不能长时间储存，最终会被人体分解吸收利用或排出体外。转基因食品中转入的基因和其表达的蛋白质与食物中的其他基因、蛋白质一样，都会被消化分解吸收代谢掉用以提供人体所需的营养和能量，不会在体内残留积累，所以不会因为长期食用而出现问题。这和重金属污染是不一样的，重金属很难代谢掉，会逐渐累积，才会出现短期吃没问题，长期吃可能会有问题的情况。

国际上已对转基因产品的安全性做过严格的安全性试验和检验检测，包括小鼠多代喂养试验、猪多代喂养试验，对灵长类动物猴，也开展过长期的喂养试验，结果都未发现任何健康问题。

给全球几百亿只鸡饲喂转基因饲料已超过 20 年，按蛋鸡的生命周期一年 1～2 代计算，已经繁衍了 20～40 代，至今未发现一例安全性问题。美国对 29 年内 1 000 亿头家畜进行比较分析，发现多代喂养转基因饲料和非转基因饲料的动物，在产奶量、出肉率、身体健康状况、营养成分等指标上均没有差异，从实践上验证了转基因产品的安全性。

为什么说通过安全评价的转基因产品就是安全的？

转基因产品是否安全关键看转入的基因、表达的产物以及转入过程是否增加了相关风险。对转基因产品进行个案分析，逐个开展评价，是世界各国转基因管理的通行做法。

从科学角度看，农业转基因生物的安全性主要包括两个方面，即食用安全和环境安全。为此，国际食品法典委员会（CAC）、联合国粮农组织（FAO）、世界卫生组织（WHO）等机构制定了一系列转基因生物安全评价标准，作为全球公认的评价准则，包括对转基因产品食用的毒性、致敏性、致畸性，以及对基因漂移、遗传稳定性、生存竞争能力、生物多样性等环境生态影响的安全性评价，确保通过安全评价、获得政府批准的转基因生物除了增加人们希望的性状外，例如抗虫、抗旱等，并不会增加其他风险。

国际社会对于转基因的安全性是有权威结论的。世界卫生组织、欧盟委员会（EC）、国际科学理事会（ICSU）等众多国际权威机构的长期跟踪研究评估均表明，经过安全评价、获得政府批准的转基因产品与非转基因产品同等安全。来自世界各国的 150 多位诺贝尔奖获得者联合签署公开信，呼吁尊重关于转基因安全性的科学评价和结论。

从实践上看，转基因技术于 1982 年开始应用于医药领域。1989 年开始应用于食品工业领域。目前广泛使用的人胰岛素、重组疫苗、抗生素、干扰素和啤酒酵母、食品酶制剂、食品添加剂等，很多都在用转基因技术生产的产品。20 多年来，全球已累计种植转基因作物超过 400 亿亩，全球 70 多个国家和地区使用转基因农产品，没有发生过一例经过科学证实的安全性问题。

草甘膦和转基因作物有什么关系？安全吗？

草甘膦是一款广谱除草剂，它能够影响植物生长所需的重要氨基酸合成，导致植物枯萎死亡。转基因作物中转入的"抗草甘膦基因"犹如一张"免死金牌"，能够显著提高作物对草甘膦的耐受能力，使得草甘膦在消除杂草的同时，不会影响作物自身的生长。除了抗草甘膦的转基因作物，目前国际上还有可以抗草铵膦等其他除草剂的转基因产品，适应不同的种植需求。

草甘膦主要通过植物叶片被吸收，一部分保留草甘膦的原型，一部分降解为安全性更高的代谢物，然后一并从根系排出。在土壤中，草甘膦通过微生物进一步降解为二氧化碳、氨基酸、天然酸等天然物质。草甘膦在动物中也一样，绝大部分草甘膦在很短的时间内通过尿液和粪便排出，少部分降解为安全性更高的代谢物后排出体外，不会在体内蓄积残留。从 1971 年研发至今，草甘膦先后通过了 100 多个国家监管机构的审查，已登记使用 40 余年。

联合国粮农组织（FAO）和世界卫生组织（WHO）共同管理的农药残

留联席会议在 1986—2011 年间，先后对草甘膦进行了 4 次风险评估，认为草甘膦不具遗传毒性和致畸性。2016 年，农药残留联席会议组织专家对草甘膦进行了再次评估，认为草甘膦不大可能通过膳食摄入对人体造成致癌风险。2015—2019 年间，欧盟食品安全局（EFSA）、欧洲化学品管理局（ECHA）、美国环保署（EPA）、日本食品安全委员会（FSC）以及澳大利亚、加拿大、新西兰、巴西等国家官方机构经过风险评估，均认为草甘膦不属于致癌物质。世界卫生组织下属机构国际癌症研究中心在 2015 年曾发布一份评估报告，将草甘膦与红肉、油炸食品、理发师职业、熬夜加班等一起列入了 2A 类致癌物，也就是较可能致癌。这里只是提示某种物质致癌的危险，但没有具体评估这种危险发生的可能性。以红肉为例，国际癌症研究中心认为红肉有"较可能致癌"危险，但并不代表吃了红肉就会致癌，这样的可能性一定是很低很低的。

一种物质安不安全，除了看风险，还要看剂量。按照联合国粮农组织和世界卫生组织建议的草甘膦摄入健康标准（每千克体重每天 1 毫克以内），成年人 1 天至少需要吃 4 千克大豆或 16 千克玉米，摄入的残留草甘膦才可能达到这一标准，正常饮食是远远达不到的。

吃了转基因食品后会改变自己的基因吗？

转基因是一个高度精密的控制过程，在特定的载体和实验室条件下才能实现。没有特定的载体和条件，外来基因是不会转移到植物或动物基因中的。

其实，转基因食品与传统食品没有本质的区别，粮食、肉类、蔬菜、水果等，都含有成千上万的基因。这些基因进入人体的消化系统后，会被"一视同仁"消化分解成小分子物质，不再具有基因原有的结构和功能，只会被人体作为营养成分吸收利用或排出体外。人类吃各种各样的食品有很长的历史，从未发生植物、动物的基因改变了人类基因的情况，吃转基因食品当然也不会改变人类的基因。

转基因食品会不会导致不孕不育？

转基因食品和不孕不育两者本没有任何关联，不孕不育现象与身体因素、不良生活习惯、心理因素等多种因素相关。没有任何科学证据表明转基因食品会影响生育能力。

扯上"关系"是因为一则"多年食用转基因玉米，导致广西男性大学生精子活力下降"的谣言。经多方核实澄清，谣言中所指的转基因玉米其实是常规玉米品种，而广西大学生精子异常的新闻则是出自广西医科大学第一附属医院的《广西在校大学生性健康调查报告》，报告中指出，造成这一结论的原因是环境污染、长时间上网等不健康的生活习惯等因素，完全没有提及转基因。

类似的谣言还有"无锡有一半女性不孕不育，都是转基因导致的"等，2018年无锡警方对相关造谣者进行教育训诫，并公开辟谣。吃转基因食品导致不孕不育完全是谎言和误导。

转基因食品会不会致癌？

转基因食品在上市前要经一系列严格的食品安全检测，包括毒性、致敏性、营养成分分析等，需要根据个案分析的原则开展遗传毒性、亚慢性毒性、慢性毒性、致癌性、生殖毒性等方面试验评估。通过安全评价、获得批准的转基因产品的安全性是有保障的，不会增加致癌风险。不仅如此，转基因技术还可以帮助提高食品的安全性。比如，普通玉米受到害虫咬食后容易被病原菌入侵，引起穗粒腐烂、霉变，从而产生黄曲霉毒素、伏马菌素等有毒物质，产生致病、致癌风险。转基因玉米因为能抗虫，品质更好，含有毒素的可能性比普通玉米要低。

转基因食品与癌症扯上关系是因为两则流言，一则是法国研究人员发表了一篇论文，称长期喂养大鼠耐除草剂转基因玉米引起肿瘤，但该论文随后就因试验存在严重漏洞被撤稿。法国及欧洲当局针对转基因玉米致癌事件，开展了3项独立研究，历时6年，耗资1 500万欧元，约合1.17亿元人民币。结果表明，转基因玉米品种在动物实验中并没有引发任何负面效应，没有发现转基因食品存在潜在风险，更没有发现其有慢性毒性和致癌性相关的毒理学效应。

另一则是某省大豆协会负责人在《转基因大豆与肿瘤和不孕不育高度相关》一文中，故意曲解中国肿瘤登记中心发布的数据，称消费转基因大豆油较多区域同时也是肿瘤发病集中区，致癌原因与转基因大豆油消费有极大相关性。这种说法没有任何流行病学依据，已被医学专家否定。事实上，癌症发病率与消费转基因大豆油之间根本没有因果关系。

获批上市的转基因食品与传统食品一样安全，利用转基因技术还可以让食品获得更多的有益成分，比如以高油酸、低亚麻酸、ω－3 脂肪酸为代表的品质改良转基因食品比普通食品更有营养，也更有益于人体健康。

圣女果、彩椒等食品是转基因产品吗？
国内外市场有哪些转基因产品？

网上流传一份转基因食品名单，包括圣女果、大个彩椒、小南瓜、小黄瓜。其实，这些都不是转基因产品。人类在长期的农耕实践中对野生植物进行栽培和驯化，从而造就了农作物的多样性。

以番茄（圣女果是其中一个品种）为例，野生番茄是个"小个头"，和樱桃差不多大，经自然演变和人工选择产生了丰富多彩的变异。目前市面上的番茄品种十分丰富，大小颜色都非常多样。彩椒是由于含有不同类型的花青素，才表现为丰富的颜色。彩色辣椒是天然存在的，只是过去未大面积种植，普通消费者以前很少见到。

国际上最主要的转基因作物有棉花、大豆、玉米、油菜等作物。全球79％的棉花、74％的大豆、31％的玉米和 27％的油菜都是转基因品种。此外，有的国家还种植了转基因苜蓿、甜菜、马铃薯、西葫芦、苹果、红花、茄子、甘蔗、菠萝等。

我们国家目前大面积种植的转基因作物只有两种——抗病的番木瓜和抗虫的棉花。批准进口的有转基因棉花、玉米、大豆、油菜、甜菜、番木瓜及其相应的加工品。进口转基因玉米、甜菜粕主要用作饲料，进口转基因大豆、油菜主要用作饲料和榨油。目前市场上常见的转基因食品主要有番木瓜、大豆油、菜籽油等。

作为消费者，如果不想吃转基因食品，有选择吗？

为了保护消费者的知情权和选择权，我国对转基因产品实施强制标识制度，对转基因大豆（大豆种子、大豆、大豆粉、大豆油、豆粕）、玉米（玉米种子、玉米、玉米油、玉米粉）、油菜（油菜种子、油菜籽油、油菜籽粕）、棉花（棉花种子）、番茄（番茄种子、鲜番茄、番茄酱）5 类 17 种产品实行按目录强制标识，使消费者可以根据自己的意愿自由选择。目前我国没有转基因番茄产品。

以前市场上常有标注"非转基因"字样的葵花籽油、花生油等，其实国际上和我国市场上根本没有转基因的葵花籽和花生。2018 年，国家市场监督管理总局、农业农村部、国家卫生健康委员会三部门联合发布公告，明确对市场上没有转基因同类产品的食用植物油不得标注"非转基因"，防止误导公众。

转基因作物因具有抗虫、耐除草剂等优良性状，可以有效降低生产成本，降低农产品价格。转基因产品的出现，给消费者多了一种经济、实惠的选择。

转基因作物能留种吗？

一般农作物种子可以分为常规种和杂交种。比如，小麦种子多是常规种，也就是自交种，自家留的小麦种子还可以继续种，不必年年买种子；玉米种子则多是杂交种，留的种子来年再种就会性状分离、长得参差不齐、产量变低。农民之所以不种常规玉米，而愿意买杂交种子，是因为杂交玉米利用了作物的杂种优势，农艺性状好，产量高，即使扣除了买种子的钱，仍然比种自留种合算。不能留种的农作物并不是长不出种子，也不是种子不发芽，而是留种后再种植不能保持上一代的优良农艺性状和产量。

农作物适合不适合留种，与种子是常规种还是杂交种有关，与转基因没有关系。如果转基因性状转入常规作物中就可以留种，如果转基因性状转入杂交作物中则不适合留种。

图书在版编目（CIP）数据

农业转基因生物安全法规和实践选编 / 孙峰成，马晓昀主编 . —北京：中国农业出版社，2023.9
　　ISBN 978-7-109-31103-9

　　Ⅰ . ①农⋯　Ⅱ . ①孙⋯　②马⋯　Ⅲ . ①作物－转基因技术－生物工程－安全管理－法规－汇编－中国　Ⅳ . ①D922.179

　　中国国家版本馆 CIP 数据核字（2023）第 174630 号

中国农业出版社出版
地址：北京市朝阳区麦子店街 18 号楼
邮编：100125
策划编辑：王丽萍
责任编辑：王陈路　　文字编辑：陈　灿
版式设计：王　怡　　责任校对：吴丽婷
印刷：北京通州皇家印刷厂
版次：2023 年 9 月第 1 版
印次：2023 年 9 月北京第 1 次印刷
发行：新华书店北京发行所
开本：700mm×1000mm　1/16
印张：10
字数：200 千字
定价：68.00 元